# SPICY

★ Scharf abnehmen

Chris Schreiber ✶ Jerry Goldberg

# SPICY

## ✶ Scharf abnehmen ✶

**145 heiße Rezepte,
die Ihre Fettverbrennung auf Touren bringen**

blv

# Inhalt

# Vorwort

*Spicy: Wir können nicht mehr anders essen – leicht, bunt und voll gesunder Energie! Uns ist völlig klar, wir sind süchtig nach Spicy. Das Abnehmen kommt von ganz alleine.*

In meinem Gesicht bewegte sich immer irgendetwas. Ich merkte nicht, dass ich zu einer Fressmaschine im Schlaraffenland geworden war: kein Stress ohne Essmarathon, kein Arbeitsfrust ohne Gummibärchen, kein Fernsehabend ohne Wein und Käse. Ich war ein Frust-, Trost- und Belohnungsfresser. Genau das war der Grund, weshalb Diäten bei mir regelmäßig zu einem Desaster führten. Ich suchte ein Ernährungskonzept, das in irgendeiner Weise die alten Essgewohnheiten erfüllte, nur eben besser sein sollte. Ich fand aber nichts, schließlich bin ich ein Pastafanatiker, ein Gourmet und kein Kaninchen.

Doch dann kam Spicy! Es geschah im Hochsommer bei Hitze und Badelaune. Der Appetit war ohnehin gedrosselt und der Schweiß floss in Strömen. Ich stellte fest, mein Gewicht sank, einfach so. Und trotzdem war meine Stimmung bestens. Wie war das möglich? Es war die Hitze! Genauer: Es waren unsere Power-Suppen, die trotz der Sommerhitze ziemlich stark gewürzt waren.

Jetzt wollten es meine Frau Chris Schreiber und ich genauer wissen. Wir machten eine phantastische Reise in die Welt der Gewürze. Wir reduzierten die Kalorienanteile in den Gerichten und probierten immer neue Lebensmittel, Gewürze und Gewürzmischungen aus. Wir wollten einfach mehr Geschmack, mal arabisch, mal karibisch, mal asiatisch. Das ging natürlich nicht immer gut, aber meine Frau verfeinerte die Küche von Tag zu Tag. Sie erfand immer neue, umwerfend tolle Gerichte: international, aber den hiesigen Geschmacksnerven angepasst. Und das Beste daran: Wir nahmen bei dieser Schlemmerei beständig ab.

Als Journalisten interessierte uns natürlich, was Gewürze im Stoff-

wechsel bewirken. Wir stießen auf Studien, die unsere Theorie vom Abnehmen mit Gewürzen bestätigten. Und was wir am eigenen Leibe erfahren konnten: Gewürze machen Laune und geben Kraft. Mein Anspruch an gutes, aber gehaltvolles und gesundes Essen wurde mehr als übertroffen. Mit Spicy, das war uns schlagartig klar geworden, hatten wir eine Essrichtung gefunden, die dem Menschen nicht einfach etwas wegnimmt, sondern stattdessen etwas viel Besseres gibt: eine positive, bunte und gesunde Kost, quer durch die Küchen der Welt. Freuen Sie sich auf Spicy!

Ihre Chris Schreiber
& Jerry Goldberg

# Heizen macht schlank

Nicht bunkern, sondern verfeuern!
Kurbeln Sie Ihren Stoffwechsel an.
Initialzünder sind gesunde und frische Zutaten
und natürlich beste Gewürze.
So verheizen Sie Ihre Fettzellen
und entschärfen Kalorienbomben.

# Spice & Fun

*Früher hatten Gewürze den Ruf Geschmackskiller oder unerträgliche Scharfmacher zu sein. Heute stehen sie für neue, aufregende Geschmackskreationen. Sie können aber noch viel mehr: Gewürze heizen ein, sie geben uns Energie und sie machen schlank!*

*Was hierzulande auf den Tisch kommt, ist meist viel mehr, als der Mensch zum Sattwerden braucht.*

## Thermogenese – Stoffwechsel auf Hochtouren

Kein Leben ohne Energie! Energie nehmen Sie auf, wenn Sie Sauerstoff mit der Atemluft tanken, wenn Sie Ihre Seele mit Freude und Lust füllen und vor allem aber, indem Sie essen. Andererseits verbraucht der Mensch Energie: Nicht nur, indem er körperlich aktiv ist, selbst dann, wenn er nichts tut, verbraucht der Körper Energie. Ideal ist es, wenn sich Energieaufnahme und Energieverbrauch die Waage halten. Ernährungswissenschaftler nennen das eine ausgeglichene Energiebilanz. Sie führt dazu, dass Sie Ihr Gewicht halten. Schlecht ist es allerdings, wenn Sie mehr Energie aufnehmen, als Sie verbrauchen. Wenn Ihr Körper die Nahrungsenergien nicht mehr los wird und in Fettzellen einlagert, ist Ihre Energiebilanz positiv. Und dann haben Sie ein Problem: Sie nehmen zu!

### Übergewicht: Fettverbrennung auf Sparflamme

Neandertaler waren an karge Zustände gewöhnt; sie waren wahre Hungerkünstler und exzessive Rennläufer. Überschüssige Nahrungsenergie verbrauchten sie auf der Jagd als Wärmeenergie. Während der harten Winter mobilisierten unsere Urahnen ihre gespeicherten Fettreserven, um Hungerzeiten zu überbrücken. Der Mensch von damals befand sich meist in einem Energiedefizit. Er blieb schlank und muskulös wie

eine Gazelle. Auch die Generation unserer Großeltern war noch überwiegend rank und schlank. Doch während des Wirtschaftswunders kamen die fetten Jahre. Heute warten fast eine Viertelmillion Lebensmittel auf Sie in den Regalen der Supermärkte. Duftstoffe und künstliche Aromen wecken Ihren Appetit, auch wenn Sie das nicht bewusst wahrnehmen. Unentwegt sind Sie auf Nahrungsaufnahme programmiert. Und weil Appetit und Hunger für unser Gehirn ein und dasselbe sind, futtern wir unentwegt irgendetwas in uns hinein. Unser Organismus ist von seinem genetischen Programm her weder auf ein solches Nahrungsüberangebot noch auf Bewegungsarmut vorbereitet, deshalb nimmt der Mensch zu. Als Antwort auf die Leibesfülle erfanden wir dann die Diät.

### Fatale Hungerkuren

Weil Diäten kaum Abnehmerfolge zeigen, verordnen wir uns immer wieder neue Hungerkuren. Unser Körper nimmt schließlich an, er

**Oben:** Heute gibt es ein Überangebot an Nahrungsmitteln, doch worauf kommt es bei unserer Ernährung wirklich an?

*Jede fünfte deutsche Frau hat bereits mehr als fünfmal eine Diät gemacht.*

*Totaler Energieverbrauch (TEV) über 24 Stunden:*

- *Ruheenergieverbrauch: 60-70% vom TEV*
- *körperliche Aktivität: 20-30% vom TEV*
- *nahrungsinduzierte Thermogenese: 5-15% vom TEV*

befände sich in einer Art Dauernotstand. Die Folge: Ständig neu verordnete Diäten lassen Ihren Körper so reagieren, als müsse er verhungern. Einerseits schützt er seine Fettreserven an den Hüften, andererseits bunkert er jede Kalorie, die er bekommen kann. Der Effekt: Sie nehmen bereits zu, wenn Sie das Essen nur anschauen, noch schlimmer ist aber, dass die sensiblen Regulationssysteme für Sättigung und Hunger kaputtgehen. Sie merken nicht mehr, wann Sie satt sind. Der Fettstoffwechsel gerät aus dem Gleichgewicht: Jugendliche, die in diesem Teufelskreis gefangen sind, müssen damit rechnen, als junge Erwachsene ein so genanntes metabolisches Syndrom zu bekommen.

## Nicht bunkern, sondern verfeuern!

Wie kann man diesem Teufelskreis von Nahrungsüberangebot, Fressattacken und Diäten entkommen? Nur Kalorien zu zählen, ist zu wenig. Wichtiger ist es, dass Sie darauf achten, mehr Energie zu verbrauchen als Sie aufnehmen. Werden Sie zum Energieverschleuderer! Nutzen Sie die Fähigkeit Ihres Körpers, Nahrungsenergie statt in Fettzellen zu speichern, in Wärmeenergie verpuffen zu lassen. Erst wenn Ihre Energiebilanz negativ ist, nehmen Sie ab. Wie Sie das erreichen können? Kurbeln Sie Ihre Energieverbrennungssysteme an, zum Beispiel mit Spicy!

### So verschleudert unser Körper Wärme

Ihr Energieverbrauch auf 24 Stunden verteilt, setzt sich aus drei Faktoren zusammen: erstens aus dem Grundumsatz in Ruhe, zweitens aus dem Aufwand an körperlicher Aktivität und drittens aus der so genannten nahrungsinduzierten Thermogenese. Thermogenese bedeutet: Nahrungsenergie in Form von Wärme zu verbrauchen. Sie merken die Thermogenese dann, wenn Ihnen bei körperlicher Aktivität der Schweiß über die Stirn perlt oder wenn Sie nach dem Essen heiße Ohren und warme Füße bekommen.
Doch zunächst zum Ruheumsatz: Damit Ihr Gehirn arbeiten kann verbraucht es Energie. Damit Ihr Herz schlagen und Ihre Organe funktionieren können, benötigt Ihr Körper Energie. Selbst dann, wenn Sie bei konstant 37 Grad Körpertemperatur kuschelig warm im Bett liegen, verbraucht Ihr Körper Energie. Sie sehen, ohne Energieaufwand läuft gar nichts.

### Klasse Muskelmasse

Ein weiterer wichtiger Faktor der den Energieverbrauch beeinflusst:

**Links:** Metabolisches Syndrom – Fettleibigkeit in Kombination mit Bluthochdruck und hohen Cholesterinwerten. Es droht ein Diabetes.

*Beginnen Sie damit die* ***nahrungsinduzierte Thermogenese*** *bewusst zu* ***steigern.***

körperliche Aktivität. Klar, je mehr Sie sich bewegen, desto mehr Energie muss Ihr Körper bereitstellen, damit Sie Ihre Muskeln beugen oder strecken können. Zur Energiegewinnung nutzt der Körper hauptsächlich Blutzucker (Glukose) und Fettsäuren. Wenn Sie Besitzer üppiger Muskelpakete sind, verbrauchen Sie deutlich mehr Fette und verschleudern umso mehr Wärme. Sollten Sie nicht stolzer Besitzer solcher Muskelpakete sein, müssen Sie sich mehr körperlich bewegen. Das lässt Muskeln wachsen. So können Sie einen Großteil Ihrer Energie über körperliche Aktivitäten verbrauchen.

### Energiereicher Stoffwechsel

Außer Ruheumsatz und körperlichen Aktivitäten, die die meisten Kalorien verbraten, ist der dritte Faktor der Energieverbrennung die so genannte nahrungsinduzierte Thermogenese. Sie entsteht durch die Verdauung und durch die Aufbereitung der Nahrung, die wir aufnehmen. Erst danach kann Ihr Körper daraus die Bausteine des Lebens basteln: Enzyme, Gewebe und Hormone. Diese Art von Energieaufwand beträgt etwa 10 bis 15 % des täglichen Energieverbrauchs. Sie lässt sich aber locker auf bis zu 30 % steigern! Das hängt davon ab, was und wie viel Sie essen. Die Wärmeabgabe bei der nahrungsinduzierten Thermogenese nimmt nach einer Fettmahlzeit bei Normalgewichtigen um feurige 14,5 % gegenüber dem Normalwert zu. Zur Verstoffwechselung von Eiweiß geht sogar bis zu 30 % mehr Wärmeenergie ab.

### Weg mit den überschüssigen Nahrungsenergien!

Doch wohin mit all der überschüssigen Nahrungsenergie, die wir aufnehmen? Schon bei einer relativ geringen Mehraufnahme von täglich 200 Kalorien, das entspricht gerade mal einem Brötchen, würden Sie im Laufe eines Jahres 7 kg zunehmen! Sie können sich vorstellen, dass wir bei dem heutigen Nahrungsüberangebot, gigantische Körperausmaße annehmen würden! Um einen Großteil der Nahrungsenergie wieder loszuwerden, bedient sich unser Körper der so genannten »fakultativen« nahrungsinduzierten Thermogenese. Er setzt einfach seine Energieverschleuderungssysteme ein: ein hochtouriger Stoffwechsel im Leerlauf, der nur eine Aufgabe hat, nämlich Wärmeenergie zu produzieren. Das ist eine feine Sache. Denn so hat der Körper eine wirksame Möglichkeit, Ihr Körpergewicht konstant zu halten. Das merken Sie dann daran, dass Ihr Körpergewicht stets gleich bleibt, auch wenn Sie noch am Vorabend besonders üppig diniert haben. Das ist zumindest der Idealfall.

## Boostern Sie Ihr Fett weg!

Feuern, was das Zeug hält! Mit Gewürzen, Gewürzmischungen und anderen Nahrungsboostern stoppen Sie Hungergefühle und treiben die Energieverschleuderung an: Der Fettstoffwechsel wird angeheizt und ein Großteil der aufgenommenen Nahrungsenergie verpufft als Wärmeenergie. Infolgedessen läuft die Thermogenese auf Hochtouren. Damit das aber alles richtig funktioniert, müssen Sie Ihr Nervensystem, genauer gesagt, den Sympathikusnerv in Schwung bringen. Wie das geht? Spicy essen!

### Steuerungssysteme: Nerven und Hormone

Ein Hungergefühl entsteht, wenn das Stresshormon Cortisol oder das Insulin der Bauchspeicheldrüse das »Appetitzentrum« im Gehirn stimulieren. Andere Hormone wie das Adrenalin und Noradrenalin wirken auf ein zweites Regulationszentrum, das »Sättigungszentrum« ein, sodass Sie sich satt fühlen. Welche Gefühle in Ihnen die Oberhand gewinnen, ist zum einen davon abhängig ob Ihr Magen leer ist oder nicht. Ganz entscheidend ist aber auch die Psyche daran beteiligt. Fühlen Sie sich ausgeglichen, halten sich Hunger und Sättigung die Waage. Bei Angst vergeht Ihnen der Appetit, Stress oder Frust dagegen machen hungrig. Verständlich, dass deshalb der gestresste Mensch besonders gefährdet ist, wahllos in sich hineinzufuttern, nur um sich zu beruhigen. Glück dagegen macht schlank! Sind Sie verliebt, essen Sie automatisch weniger.

### Spicy-Esser: Adrenalin im Blut

Appetit- und Hungerzentrum regeln nicht nur Ihr Hunger- und Sättigungsgefühl. Sie sind wichtige Kontrollorgane, die festlegen, wie viel von der Nahrungsenergie, die Sie zu sich nehmen, in Form von Fettzellen eingebunkert wird oder einfach nur als Wärmeenergie verpufft. Bei ständigem Hunger veranlasst das Appetitzentrum möglichst alles, was Ihr Körper an Nahrung aufnimmt, in Fettzellen zu deponieren. Sind Sie satt und zufrieden, lodert die thermogenetische Flamme beständig vor sich hin. Sind Sie zudem körperlich aktiv und dynamisch und essen à la Spicy, dann kommt das Noradrenalin ins Spiel. Aus der kleinen Verbrennungsflamme wird ein Flammenwerfer. Jetzt tritt die zuvor erwähnte »fakultative Thermogenese« in Aktion. Die Fettreserven im Fettgewebe werden angegriffen und als Fettsäuren

*Übergewicht: meist Folge eines Energieüberschusses, bewirkt durch zu viele Kalorien oder zu wenig Bewegung.*

*Die Energiebilanz muss stimmen! Passen Sie die Energieaufnahme Ihrem tatsächlichen Bedarf an.*

den Kraftwerken der Zellen, den Mitochondrien, zugeführt. Dort werden sie verheizt. Ideal ist also alles, was Ihr Nervensystem veranlasst, Adrenalin und Noradrenalin auszuschütten, wie zum Beispiel Spicy. Damit nehmen Sie ab!

### Der T-Boostereffekt

T-Booster sind weder Filmhits noch Monster. Das T steht für Thermogenese und Booster (englisch to boost = verstärken) für Verstärker. T-Booster sind die kraftvollen Zünder, die die Thermogenese verstärken. Sie veranlassen das vegetative Nervensystem, Adrenalin und Noradrenalin auszuschütten. Als Folge davon kommt die Fettverbrennung in Gang. Gewürze wie Chillies, Ingwer & Co. sind mächtige T-Booster. Sie lösen nicht nur ein Geschmacksfeuerwerk aus, sie machen auch heiß. Es kann passieren, dass Sie beim Essen schwitzen. Das ist die Hitze, die durch die hochtourige Thermogenese freigesetzt wird. Spicy nutzt die besten Gewürze, die Ihren Stoffwechsel anheizen. Außer den Gewürzen gibt es aber noch andere T-Booster wie Kaffee, Wasser, Mineralien (Kalzium) oder das L-Carnitin, das im Fleisch enthalten ist. Sie boostern zwar nicht ganz so wirkungsvoll wie Gewürze. Aber zu unterschätzen sind sie auch nicht.

### Scharf statt lustlos!

Scharfmacher wie Chillies oder alle Paprikas enthalten Capsaicin. Es schafft gute Laune und macht munter! Das merken Sie daran, dass Sie nach einer Spicy-Mahlzeit Bäume ausreißen und die Welt umarmen könnten, von Hungergefühlen ist keine Spur mehr. Capsaicin pusht das Adrenalin, was wiederum das Verdauungsfeuer und den Fettabbau aktiviert. Und es macht angriffslustig. Deshalb werden Sie aber nicht gleich aggressiv, weil wieder andere Gewürze die Ausschüttung von Endorphinen anregen. Das sind Hormone, die Glücksgefühle auslösen und Sie in beste Stimmung versetzen. Zugleich dämpfen sie das Appetitzentrum. Andere Bestandteile in den Gewürzen stimulieren das Aktivhormon Testosteron. Es ist der Antreiber, der Motor, der agil und selbstbewusst macht, Männlein wie Weiblein! Das bringt Sie auf Trab. Sie sehen, Gewürze feuern nicht nur die Thermogenese an, sondern beeinflussen auch Ihre Psyche.

### Gewürze entschärfen Kalorienbomben

Zunächst waren es nur Tierversuche: Forscher um Professor Mayumi Yoshioka an der Universität Quebec, Kanada, fanden heraus, dass Chili oder Senf im Futter den Energieumsatz ansteigen ließen.

**Links:** Gute Laune ist nach Spicy-Mahlzeiten garantiert!

*Chili im Kaffee? Probieren Sie es aus. Geschmacklich besser ist Chili in heißer Schokolade: das Lieblingsgetränk der Ureinwohner Mexikos.*

Weitere Studien mit Menschen ergaben: Bei den Probanden, die eine stark fetthaltige Mahlzeit konsumierten, fachte Cayennepfeffer die Thermogenese enorm an. Energieumsatz und Sauerstoffverbrauch, so die Studie, stiegen um 30 %! Bei den Probanden mit kohlenhydratreicher Mahlzeit fiel die Thermogenese niedriger aus, trotz Pfefferzusatz. Allerdings kurbeln Kohlenhydrate alleine schon die Thermogenese an.

### Fettverbrennung: Chili & Kaffee

Weitere Studien im Jahr 2000 zeigten, dass Chili und Kaffee die Fettverbrennung anregen. An der kanadischen Studie nahmen acht männliche Kandidaten teil. Sie hatten alle die gleiche Statur und das gleiche Gewicht. Die Probanden erhielten verteilt über einen Zeitraum von 24 Stunden mehrere Mahlzeiten, plus Snacks für zwischendurch. Jeder von ihnen durfte sich satt essen. Der Clou: Die Mahlzeiten waren gut mit Chili gewürzt. Zusätzlich gab es mehrere Tassen schwarzen Kaffee. Eine Woche später bekam dieselbe Gruppe das Gleiche zu essen, allerdings ohne Chili und ohne Kaffee. Wieder dauerte der Test 24 Stunden. Ergebnis: Die Kandidaten der Chili-Gruppe verfeuerten mehr Wärmeenergie, nämlich 1000 (!) Kalorien, als die Normalesser.

### Appetit und Hunger lassen auf sich warten

Nicht nur, dass die Chili-Kandidaten bereits viel früher satt waren als die Normalesser, auch der Hunger meldete sich bei der Chili-Gruppe erst später zurück als bei den Normalköstlern. Insgesamt war der Appetit bei ihnen sogar deutlich geringer ausgeprägt, als bei der Kontrollgruppe eine Woche später. Zwar könnte man einwenden, dass die Chilikost den Kandidaten nicht geschmeckt hat und sie deshalb weniger aßen, doch objektive Messwerte wie Sauerstoffmessungen oder Herzschlagfrequenz zeigten: Die Chiligruppe hatte mehr Adrenalin im Blut. Sogar nach häufigem Verzehr von Chili & Co. blieben die Kandidaten länger satt und wach. Und das, obwohl sich sie sich von Mal zu Mal mehr an die Schärfe im Essen gewöhnt hatten.

### Gewürze contra Eisbein?

Eisbein essen und anschließend mit Gewürzen das Fett im Ofen der Thermogenese verglühen lassen? Das ist zu schön, um wahr zu sein. Bei hohem Energieüberschuss reicht auch die Thermogenese nicht aus, um alles zu verbrennen. Entscheidend ist, was Sie essen und wie viel davon. Deshalb muss ein Gesamtkonzept her. Das sagen auch die Experten aus Kanada. Für eine schlanke und gesunde Figur sollten Sie mehrere Maßnahmen miteinander kombinieren: Senken Sie den Fettverzehr, achten Sie auf niedrigen Glyx, verzehren Sie viele gute ungesättigte Fettsäuren, nehmen Sie haufenweise knackige Ballaststoffe zu sich und peppen Sie alles mit würzigen T-Boostern auf. Spicy macht es Ihnen leicht: Lassen Sie sich anfeuern von geschmackvollen Gewürzmischungen, scharfen Dips oder Salsas und einer vitalstoffreichen, gesunden Ernährung. Nur sie ist entscheidend für das Abnehmen. Deshalb ist Spicy ein ganzheitliches Ernährungskonzept. Sie brauchen nichts weiter zu tun, als die Rezepte nachzukochen. Und das Beste daran: Damit stellen Sie gleichzeitig Ihre Ernährung um.

**Unten:** Paprika bringt Ihre Thermogenese auf Hochtouren.

# Urban Fitness
## Laufen Sie sich satt

»In jeder Gewichtskategorie sind es die Nicht-Fitten, die vorzeitig sterben. Dabei sind die dünnen Untrainierten sogar noch stärker gefährdet als die fitten Dicken«, so Professor Steven Blair vom Cooper Institute (Dallas), der in einer US-Langzeitstudie herausfand, dass Fitness am meisten für ein langes Leben bringt. Also muss ein Sportprogramm her? Nicht unbedingt! Halten Sie sich zunächst an die goldene Regel für ein langes Leben: Bewegen Sie sich! Wie viel, wie oft, wo und wann? Das hängt von Ihren bisherigen Bewegungsgewohnheiten ab. Aber sobald Sie sich erst einmal einige Muskelpakete antrainiert haben, lodert das innere Feuer der Thermogenese höher: Ihr Körper verbrennt mehr Kalorien und der Grundumsatz steigt. Um aber bis dahin zu kommen, brauchen untrainierte Couch-Potatoes einen ungeheueren Leistungsaufwand. Das ist nichts für übergewichtige, muskelarme Personen, denn sie müssen weitaus mehr Leistung aufbringen, um überhaupt ihre Leibesfülle in Bewegung zu setzen. Und selbst wenn sie sich anstrengen, werden die Verbrennungsmotoren, die das Fett wegschmelzen lassen sollen, kaum noch entfacht. Deshalb Stufe 1: Bringen Sie sich in Schwung! Stufe 2: Gehen Sie zu einem konstanten Ausdauertraining über. Das ist die Art von Training, die es Ihnen ermöglicht, nicht gleich aus der Puste zu kommen, wenn Sie noch schnell den Zug erreichen wollen, bevor er davonfährt. Wählen Sie zwischen verschiedenen Ausdauersportarten wie Nordic Walking, Radfahren, Schwimmen oder Wandern. So geht es den Fettspeichern direkt an den Kragen.

### Neuester Trend

Begriffe wie Sport und Fitness hängen Ihnen zum Halse heraus, meinen Sie? Dann gehen, laufen Sie! Lernen Sie, lange Spaziergänge zu lieben. All das macht satt. Der Grund dafür: Körperliche Aktivitäten stimulieren Ihr sympathisches Nervensystem. Dadurch wird das Sättigungszentrum in Ihrem Gehirn angeregt. Dann laufen Sie garantiert an der nächsten Backstube vorbei.
Machen Sie aus Ihrer Stadt einen Trainingsplatz: »Urban Fitness« heißt der ultimative Trend aus den USA. Das ist sanfter Sport, der es aber in sich hat. Lassen Sie Rolltreppen mit Verachtung links liegen, gehen Sie zu Fuß. Gehen Sie die Treppen gleich zwei- oder dreimal hoch und runter. Lassen Sie Ihrer Phantasie und Ihrem Aktionismus freien Lauf: Benutzen Sie die Bänke an den Busstationen für Streckübungen. Hüpfen Sie am Bordstein auf und ab. Das baut Stress ab und ganz nebenbei verlieren Sie in zehn Minuten 200 Kalorien. Statistiker der AOK haben weitergerechnet: Bei 2000 Kalorien, die Sie durch Treppensteigen wöchentlich verbrauchen, senken Sie Ihr Herzinfarktrisiko um 50 %. So rückt nicht nur Ihre Bikinifigur in greifbare Nähe, so bleiben Sie auch gesund.
Nicht nur das. Ein weiterer Nebeneffekt der leichten Sportart: Treppensteigen regt das Gehirn an! Das haben Sportwissenschaftler kürzlich in einem Tierexperiment nachgewiesen. Die Durchblutung des Hirns wird gesteigert und es bilden sich neue Synapsen. Das sind die Verbindungsstellen im Gehirn, über die die Denkprozesse laufen. Sie merken, Abnehmen hat auch etwas mit dem Verstand zu tun.

## Spicys Philosophie: temperamentvoll und würzig

Spicy predigt weder Low-Carb noch Low-Fat noch andere Diäten oder bestimmte Glyx-Ideologien. Spicy ist keine neue Diät, die auf alten Essgewohnheiten beruht. Hinter Spicy steht ein natürlicher, gesunder positiver Ess-Stil und eine Idee: Mobilisieren Sie Ihre Energien.

### Werden Sie zu einem Energie-verschleuderer

Die Gewürze in den Spicy-Gerichten heizen Ihnen nicht nur körperlich ein, sondern auch seelisch. Denn Gewürze machen aktiv und wecken Ihre Lebensgeister. Sie polen sich um auf innere Dynamik. Das beflügelt den Geist, macht phantasievoll und regt zu neuen Unternehmungen an, wie damals, als Sie noch schlank waren. Zu dieser Zeit haben Sie noch spät abends Freunde besucht und die Nacht durchgemacht. Wenn Sie ständig ein inneres Feuer antreibt, wenn es um ein Ziel oder ein Erfolgserlebnis geht, dann leben Sie à la Spicy - temperamentvoll und würzig!

*Es ist einfacher, 300 Kalorien weniger am Tag zu essen als sie sich mit Sport abzutrainieren.*

### Paprika im Blut

Es sind die ganz normalen alltäglichen Verrichtungen, die uns schlank bleiben und werden lassen, fanden Wissenschaftler an der berühmten Mayo-Klinik in Rochester, USA, heraus. Während der Studie wurden über zehn Jahre hinweg 150 Personen über Videokameras beobachtet. Ergebnis: Die Übergewichtigen besaßen weitaus mehr Sitzfleisch als die Dünnen. Im Durchschnitt saßen sie täglich 150 Minuten länger als Schlanke. Dabei verbrauchten sie im Schnitt 350 Kalorien weniger als die Dünnen. Fazit: Je umtriebiger Sie sind, desto wirkungsvoller ist die Fettschmelze. Das ist weitaus effizienter, als sich ein- bis zweimal die Woche abends schweren Herzens zum Joggen aufzuraffen. Je agiler Sie sind, je mehr Pfeffer, Chili & Co. in Ihren Gerichten und in Ihrem Blut sind, desto mehr stimulieren Sie den Adrenalin-Output und desto stärker verbrennen die Mitochondrien in den Zellen das Fett. Sie müssen deshalb nicht gleich zu einem nervigen Stressmatiker werden. Viel besser: Sie fühlen sich einfach dynamischer als jemals zuvor!

Maximale Schärfe bedeutet nicht maximale Thermogenese! Die Thermogenese ist abhängig vom Frischegrad und der Menge der Gewürze, die sie zu sich nehmen. Dies ist das Ergebnis einer Studie, veröffentlicht im »Journal of Nutrition«, 2004.

**Links:** Nutzen Sie jede Gelegenheit, um sich zu bewegen. So bleiben Sie schlank!

# T-Booster: Chillies, Ingwer & Co.

*Spicy ist ein Schlankheitsprogramm mit positivem Feeling. T-Booster entfachen das Feuer der Thermogenese und aktivieren Ihre Energien. Die wichtigsten T-Booster: Gewürze und Gewürzmischungen, aber auch Eiweiß und Kaffee verbrennen Fettpolster. Olivenöl und grüner Tee lassen die Flammen richtig auflodern.*

Malatya Pazarı 232
Beyaz Tane Biber
28000.000
40.000.00
Turkich Saffron
Türk Safranı
5000.000

# Hot & Spicy: Gewürze und Gewürzmischungen

*Gewürze sind die Seele des Essens, sie haben einen eigenen Charakter und lassen Sie in einen Rausch der Sinne abheben. Gewürze heizen die Thermogenese an und sind zudem reine Medizin. Mit jeder Mahlzeit nehmen Sie Gesundheit pur zu sich.*

## Sensationelle Geschmacksrichtungen

Kochen Sie nach Spicy, dann sind Gewürze & Gewürzmischungen für jedes Gericht geschmacklich ausbalanciert. Gerade die Gewürzmischungen bringen sensationelle Geschmacksrichtungen in Ihr Kochleben. Nehmen Sie die Erbsen-Kokos-Suppe: Chilischote, Ingwer, Minze, Limettensaft und weitere Zutaten machen aus dieser Powersuppe ein karibisches Gaumenerlebnis. Ohne diese Zutaten wäre sie eine simple Erbsensuppe mit dem Geschmack einer Briefmarke. Auf diese Weise können Sie der klassischen Hausmannskost zu einer völlig neuen Existenz verhelfen! Verbannen Sie den ewigen Leerlauf aus Ihrer Küche.

## Gewürze verfeinern den Geschmack

Ein gängiges Vorurteil lautet: Gewürze töten den Geschmack! Das Gegenteil ist der Fall: Gewürze, auch die schärfsten unter ihnen, werten Speisen geschmacklich auf. Die ganze Welt isst würzig, warum wir nicht? Sobald Sie den Kosmos der Gewürze für sich erobert haben, werden Sie zu einem Geschmackserfinder. Wenn Sie Gewürze zu einem festen Bestandteil Ihrer Küche gemacht haben, beherrschen Sie die Nuancen des Würzens schnell perfekt. Bald können Sie den Geschmack in Gedanken abstimmen, noch bevor Sie mit dem Kochen beginnen. Das Probieren ist dann nur noch dazu da, um dem Essen den letzten Schliff zu geben. Nebenbei ein Tipp: Werden Suppen und Saucen püriert, lassen sie sich stärker würzen, ohne gleich ultrascharf zu werden.

### Scharf oder pikant: Wie hätten Sie es lieber?

Sollten Ihnen noch alte Ernährungsgewohnheiten dazwischen funken, »das ist zu scharf, das kenne ich nicht«, werden Sie bald feststellen, dass sich der subjektive Eindruck der Schärfe über die ersten Tage hinweg verliert. Bald werden Sie auf pikante Geschmacksnuancen nicht mehr verzichten wollen. Richten Sie Ihre eigene Gewürzküche ein, dann sind Ihnen in punkto Kreativität keine Grenzen gesetzt. Sie bestimmen, wie Sie würzen, welche Schärfe und welche Zusammenstellungen Sie bevorzugen. So wird Spicy zu einer echten Erlebnisküche.

## T-Booster Nummer 1: Chilischoten

Die Pole-Position unter den T-Boostern nehmen die Chilischoten ein. Sie enthalten besonders viel Capsaicin. Das ist der Stoff, aus dem die feurige Schärfe gemacht ist. Studien am Oxford Polytechnikum in England zeigten: Das Capsaicin boostert den Kalorienbrenner um 25 %! Sogar noch 20 Minuten nach dem Essen ist der Thermogeneseeffekt nachweisbar!

### Keine Angst vor Schärfe!

Das Alkaloid Capsaicin findet sich vorwiegend in den Scheidewänden der Chilifrucht. Viel weniger davon ist in den kleinen Samen der Früchte enthalten.
Die Schärfegrade der Chilischoten, seit 1912 in Scoville-Einheiten (SU) gemessen, reichen von Null bis 300 000! Heute rechnen Ernährungswissenschaftler der Einfachheit halber in Schärfegraden von Null bis Zehn. Das Capsaicin wird von unseren Geschmackspapillen auf der Zunge selbst noch in der Verdünnung 1:100 000 gut wahrgenommen.
Bei Spicy werden die Chilischoten allerdings so verwendet, dass Sie die Schärfe voll genießen können. Besonders scharfe Schoten lassen sich mit Kokosmilch, Kürbis, Süßkartoffel, ja selbst mit Sesamöl mildern.

### Chilischoten im Laden

Der Name täuscht: Chilischoten kommen nicht aus Chile, verwandt sind sie jedoch mit der Paprika! Asialäden bieten die kleinen, scharfen Thais oder Cayenne-Schoten besonders frisch an! Je kleiner, je dunkler und je länger gebraten oder gekocht, desto schärfer werden sie.

*Süchtig nach Schärfe? Kein Wunder, denn durch Schärfe werden Endorphine freigesetzt. Die machen glücklich und zufrieden.*

## Schärfetabelle für Ihren Einkauf

| | | |
|---|---|---|
| frische Chilischoten | Grüne Anaheim | SG 0-1 |
| | Serano-Chillischoten | SG 1-3 |
| | Peperoni, Peperoncini | SG 3-6 |
| | Thai oder Cayenne | SG 7-9 |
| getrocknete Chilischoten | Habaneros (Jamaika) | SG 10 |
| | Ancho-Chillischoten | SG 3 |
| | Rote Chillischoten (Neumexiko) | SG 2-4 |

*Chilialarm! Beim Zubereiten keinesfalls Augen oder Lippen berühren. Brennt wie Feuer! Hände und Schneidebrett anschließend waschen. Von Vorteil ist es, beim Verarbeiten Gummihandschuhe zu tragen.*

**Chilischoten in der Küche**
Chilischoten eignen sich für Saucen wie indonesische Sambals, zu Fleischgerichten (Chili con Carne), zu thailändischen Currygerichten, pikanten Nudelgerichten oder scharfen Chutneys. Bei Spicy sind die Chilischoten zahm – meistens jedenfalls! Sie können sie zerstoßen, gebraten oder gehackt oder püriert in Saucen vorfinden, aber auch in Vinaigrettes für scharfe Salate. Capsaicin ist nicht wasserlöslich, sondern fettlöslich! Deshalb sollten Sie, beißen Sie versehentlich auf Chilischoten, kein Wasser trinken. Löschen Sie das brennende Gaumenfeuer mit Milch, Joghurt oder Käsehappen! Zubereitet werden die Chilischoten wie folgt: Stielansatz abschneiden und weg damit. Die Schote unter fließendem Wasser säubern und, falls Sie möchten, längs halbieren, scharfe Scheidewände und Samen entfernen.

**Tipp: Schärfegrad testen!**
Lecken Sie an der rohen Schote, bevor Sie sie in das Essen geben. Der Schärfegrad kann nämlich auch innerhalb einer Sorte stark variieren. Sollten Sie schon bei der geringsten Schärfe mit sehr starken Schweißausbrüchen reagieren, verzichten Sie besser auf Chilischoten und Pfeffer.

Schrumpelige Ware oder Chilischoten mit weichen Stellen gehören in den Abfall. Sie sind alt. Zur Lagerung müssen die Chilischoten unbedingt aus der Plastiktüte herausgeholt werden und ins Gemüsefach im Kühlschrank gelegt werden. In Papiertücher eingewickelt, halten sie es dort gut eine Woche aus, ohne zu verderben. Wenn Sie Ihr eigenes Gewürz herstellen wollen, legen Sie ganz einfach frische Chilischoten zum Trocknen in die Sonne.

### Chilischoten als Medizin

Chilischoten fördern die Bildung von Magengeschwüren? Vorurteil! Richtig ist: Das scharfe Alkaloid Capsaicin vernichtet krank machende Bakterien (Heliobacter pylori), die Magengeschwüre auslösen können. Außerdem schützten Chilischoten auch vor Magenkrebs. Zudem sind sie Cholesterinsenker; sie halten das Blut fließfähig und bewahren so vor Thrombose, Schlaganfall und Infarkt. Deshalb treten in Ländern wie Mexiko und Indien weniger Herzinfarkte oder Schlaganfälle auf, als bei uns.

## T-Booster Nummer 2: Paprika

T-Booster-Effekt: Paprika hat es in sich. Je kleiner, reifer und röter die Paprika, desto schärfer. Das kommt vom Capsaicin, das sich wie bei den Chilischoten in den Scheidewänden und Samen der Paprika befindet.

### Paprika in der Küche

Sie bekommen Gemüsepaprika in allen Farbnuancen von schwarz, über gelb, rot bis hin zu violett. Die kleinen, besonders scharfen Paprikas kennen Sie je nach europäischem Anbaugebiet als spanischen oder türkischen Pfeffer. Aus gemahlenen Gewürzpaprikaschoten wird das mildaromatische edelsüße Paprikapulver oder das schärfere Rosenpaprikapulver gewonnen. In der Küche verwenden Sie die Paprikas wie die Chilischoten.

## T-Booster Nummer 3: Ingwer

Gingerol und Shogaol sind die Scharfmacher in der Ingwerwurzel, die schon in geringer Menge die Thermogenese anheizen. Deshalb ist Ingwer ein Superbooster, der sich belebend auswirkt.

### Ingwer im Laden

Indischer Ingwer: hellbraune bis rötliche brennend scharfe Wurzel (Rhizom) der bambusähnlichen Schilfstaude. Nicht mehr als 10 cm lang. Hat einen erdig-scharfen Geschmack mit leichtem Zitronenaroma. Der schärfste Ingwer kommt aus Westafrika. Bei uns üblich ist der chinesische Ingwer, blass-gelblich und eher mild. Sie beziehen ihn am besten aus Asialäden – frisch, prall und knackig. Der afrikanische Ingwer ist dunkelbraun und extrem scharf. Der jamaikanische Ingwer ist der beste, doch leider nur sehr schwer erhältlich.
Ingwerpulver – an der Sonne getrockneter und anschließend gemahlener Ingwer – eignet sich gut

*Bei Südländern sind Chilischoten im Essen ein bevorzugtes Mittel, um sich abzukühlen. Da sie schweißtreibend sind und Schweiß die Hautoberfläche kühlt, lässt Sie die Sommerhitze kalt.*

zum Bestreuen von Fleisch oder Fisch. Ingwerpulver sollte hellgelb sein und ein frisches Aroma besitzen. Vorsicht! Ingwerpulver hat häufig nicht die gewünschte Qualität: Es ist zu alt oder wurde zu lange gelagert. Deshalb findet in Spicy fast ausschließlich frischer Ingwer Verwendung.

### Ingwer in der Küche

Ingwer macht Fleisch zart. Er findet sich in indischen Currys, asiatischen Suppen, Saucen, Chutneys und Marmeladen. Er wird gern in Pulverform für Gewürzmischungen verwendet, aber auch frisch für aromatische Abnehm-Tees (mit Zitrone) oder zur Herstellung von Ingwerbier. Geschälte dünne Ingwerstreifchen können Sie frittieren. Fein gerieben schmeckt er hervorragend in Vinaigrettes oder Salsas. Man kann ihn auch zusammen mit Karotten in einen elektrischen Entsafter stecken. In der Haute-Cuisine wird Ingwer besonders gern Wild- und Schmorgerichten hinzugefügt.

**Tipp:** Kaufen Sie die prallen Ingwerstücke mit silbrig glänzender Haut. Meiden Sie weiche, runzelige Stücke oder die mit trockenem, faserartigem Anschnitt. Das Aroma sollte erfrischend scharf und zitronenartig sein. Wirklich frische Ingwerknollen finden Sie am besten in Asia-Läden.

*Die frische Ingwerwurzel maximal ein bis zwei Wochen lagern, da sie sonst schnell ihr Aroma einbüßt.*

### Ingwer als Medizin

Ingwer ist ein wirksamer Radikalenkiller. Er wirkt vorbeugend gegen Krebs und seine blutverdünnende Wirkung schützt vor Infarkt und Thrombose. Zudem regt er Kreislauf und Verdauung an.

## T-Booster Nummer 4: Kurkuma

Kurkuma boostert ähnlich stark wie Ingwer. Kein Wunder, kommt Kurkuma wie Ingwer, Galgant und Kardamom aus der Familie der Ingwergewächse. Bei Spicy wird meist die frische Kurkumaknolle verwendet: Sie boostert wesentlich stärker als das Kurkumapulver.

### Kurkuma statt Safran

Marco Polo schwärmte bereits von Kurkuma, der Gelb- oder Safranwurz, weil sie den Duft und die Farbe vom weitaus teureren Safran besitzt. Deshalb wird auch heute die intensiv färbende Kurkuma oft benutzt, um Safran vorzutäuschen. Kurkuma besitzt ein pfeffrig-rauchiges Aroma und hinterlässt einen leicht bitteren, aber würzigen Nachgeschmack.

### Kurkuma in der Küche

Kurkuma finden Sie als Beigabe in Pasten, in Currys, in Würzsaucen und im Senf. Frische Kurkuma können Sie wie Ingwer schälen und

Links: Kochen Sie Reis mit Kurkuma, bekommt er eine herrliche Farbe.

fein reiben. (Färbt mörderisch, deshalb Gummihandschuhe tragen!) Sie passt zu Geflügel, Fisch und Meeresfrüchten und kann für Suppen, Saucen und Reis (Paella) verwendet werden. Als Pulver eignet sie sich zum Färben vom Kochwasser für Kurkumakartoffeln und -nudeln oder pochierten Fisch.

**Tipp:** Kaufen Sie frische Kurkumaknollen in kleinen Mengen und verbrauchen Sie sie gleich. Um die Knolle vor dem Austrocknen zu bewahren, geben Sie sie am besten in einen luftdichten Behälter. Dann hält sie sich einige Tage im Kühlschrank.

### Kurkuma als Medizin

Bei Magengeschwüren oder Darmentzündungen hat Kurkuma entzündungshemmende Eigenschaften. Aufsehen erregte eine amerikanische Studie: Das Kurkumin (Inhaltsstoff) könnte ein wirksames Mittel zum Schutz vor der Alzheimer Krankheit sein.
Achtung: Küchengräte lassen sich oft nur sehr schwer vom Kurkumagilb befreien. Bei weißen Kunststoff-Schneidebrettern kann das zum echten Ärgernis werden. Dabei ist die Lösung ganz einfach: Legen Sie das Brett direkt in die Sonne, dann verblasst der Farbstoff nach ein bis zwei Stunden von ganz alleine, weil das Kurkumin nicht lichtecht ist.

*Auch Pfeffer hat ein Verfallsdatum: Je länger die Pfefferkörner in Ihrer Küche gelagert werden, desto mehr Geschmacksnuancen verlieren sie.*

## T-Booster Nummer 5: schwarzer Pfeffer

Schwarzer Pfeffer, König der Gewürze, ist ein feuriger Thermobooster, der das Fett nur so wegschmelzen lässt.

### Schwarzer Pfeffer in der Küche

Bei Spicy verwenden wir hauptsächlich den schwarzen Pfeffer, der einen ganz speziellen erdig-aromatischen Duft besitzt. Er ist scharf bis scharf-stechend im Gegensatz zum milderen weißen oder grünen Pfeffer. Mit Pfeffer können Sie nahezu alle pikanten Gerichte verfeinern. Pfeffern Sie stets Ihr Gericht kurz vor dem Ende der Garzeit, nur so bekommen Sie die richtige Schärfe und den Geschmack. Bei hellen Dressings wird der weiße Pfeffer verwendet. Er ist etwas milder.

**Tipp:** Die wertvollen ätherischen Öle oder das scharfe Peperin verflüchtigen sich schnell aus den gemahlenen Körnern. Um das zu vermeiden, sollte beim Essen immer eine Pfeffermühle auf dem Tisch stehen.

### Schwarzer Pfeffer als Medizin

Wie die anderen Booster-Gewürze auch, ist schwarzer Pfeffer ein Radikalenfänger, besitzt antibakterielle Eigenschaften und fördert die Verdauung.

## T-Booster Nummer 6: Galgant

T-Booster-Effekt: Galgant, aus der Familie der Ingwergewächse, hat enorme Boosterkraft, stärker als der chinesische Ingwer!

### Galgant in der Küche

Die harte Galgantwurzel wird wie Ingwer benutzt. Sie wird geschält und am besten mit der Ingwerreibe sehr fein gerieben oder in Scheibchen geschnitten. Galgant passt zu weißem Fleisch, Fisch oder Meeresfrüchten. Er eignet sich für Suppen, Saucen und indische Currys. Im Unterschied zum Ingwer sollte Galgant nicht roh gegessen werden, da der Geschmack zu intensiv ist. Verbrauchen Sie Galgant schnell. In Papier gewickelt hält er sich im Kühlschrank maximal zwei Wochen. Frische Galgantwurzel oder Galgant in Pulverform gibt es ausschließlich auf Märkten oder in asiatischen Lebensmittelgeschäften.

Oben: Genießen Sie die helle Galgantwurzel in Suppen und Saucen.

*Mojo, kubanische Salsa: Sie besteht hauptsächlich aus frischem Koriandergrün, Chili, Kreuzkümmel, Limettensaft und Olivenöl.*

## T-Booster Nummer 7: Kreuzkümmel

Gemahlener Kreuzkümmel hat eine dominierende Würzkraft. In der kubanischen »Mojo« mit Limettensaft, frischem Koriandergrün und grüner Peperoni ist er einfach umwerfend im Geschmack und boostert phantastisch.

### Kreuzkümmel in der Küche

Kreuzkümmel schmeckt kräftig-aromatisch und bitterscharf. Kreuzkümmel hat nur vom Namen und der Optik her etwas mit unserem Kümmel zu tun. Botanisch und geschmacklich unterscheiden sie sich stark.
Gemahlen ist er besonders scharf und wird in indischen Currys verwendet. Zudem ist er Bestandteil in der indischen Gewürzmischung Garam Masala. Er schmeckt toll in arabisch angehauchten Eintöpfen, zu Kichererbsen, Couscous oder einfach zu Lamm.

**Tipp:** Kreuzkümmel erst zum Schluss der Garzeit dem Gericht zufügen!

## T-Booster Nummer 8: Safran

Edelbooster vom Feinsten: Zwar ist Safran in der Booster-Wirkung nicht besonders stark, dafür aber umso geschmackvoller. Und Safran ist das mit Abstand teuerste Gewürz der Welt.

### Safran in der Küche

Die kleinen Safranfäden sollten Sie nur spärlich verwenden. Sie würzen intensiv und färben wie der Teufel. Vor dem Verwenden in etwas warmem Wasser einweichen, bis sich die Flüssigkeit goldgelb verfärbt. Fügen Sie Safran stets zum Ende der Garzeit dem Essen zu.
Während der echte Safran von leuchtend orange-roter Farbe ist, erkennen Sie gefälschten Safran an den schwachen Farben und hellen Stellen. Safran besitzt ein warmes Aroma und schmeckt ganz leicht nach Jod.
Lagerung: Am besten, Sie bewahren ihn luft- und lichtgeschützt in kleinen Dosen auf.

## Top-T-Booster: Gewürzmischungen & Gewürzpasten

Herrlich, über den Gewürzmarkt zu schlendern und die köstlichen Aromen zu schnuppern. An den Gewürzen können Sie nicht vorbeigehen! Irgendwann werden Sie Ihre eigenen Gewürzmischungen und Pasten zusammenstellen, garantiert! Dann haben Sie die Kunst des verführerischen Würzens erlernt.

### Gewürzmischungen

Gewürzmischungen haben den höchsten Booster-Effekt. Sie stellen farblich und geschmacklich die Highlights einer gesunden Schlankheitsküche dar. Deshalb stehen sie bei Spicy immer ganz vorn im Regal. Die Riesenauswahl an Gewürzmischungen ist kaum überschaubar. Deshalb reicht es, wenn Sie sich an die Mischungen halten, die in den Spicy-Rezepten angegeben werden. Frisch gemahlen sind Gewürze natürlich am wirksamsten.

Welche Booster-Power steckt in den Gewürzmischungen? Hier zwei Beispiele:

**Currypulver** (für 15 Esslöffel): 8 getrocknete Chilischoten, 8 Esslöffel Koriander, 4 EL Kreuzkümmelsamen, 2 TL schwarze Pfefferkörner, 1 EL gemahlene Kurkuma, 1 TL Ingwer

**Garam Masala** (für 15 Esslöffel): 1 EL schwarze Pfefferkörner, 6 EL Korianderkörner, 10 grüne Kardamomkapseln, 4 EL Kreuzkümmelsamen, 10 Gewürznelken, 1 Zimtstange, 1 EL gemahlener Mazis.

### Gewürzpasten

Stellen Sie Ihre eigene Gewürzpaste her! Der Grund dafür: Die Fertigpasten können Sie zwar schon in jedem Supermarkt kaufen, allerdings ist bei ihnen Vorsicht geboten. Niemand weiß, was genau drinsteckt.

**Typische Gewürzpastenmischung** (für 300–400 g): 6 rote Chilischoten (ohne Samen und Scheidewände), 3 große, rote Zwiebeln (oder 12 Schalotten), 4 Knoblauchzehen, 1 Stück frische Kurkuma, geschält in Scheibchen geschnitten, 10 Macadamianüsse, 3 Stängel frisches Zitronengras (nur untere Enden verwenden), ein Stück Trassi (2,5 cm lang). Alles zusammen pürieren.

## Noch mehr T-Booster

Sie können die Thermogenese auf vielfältige Weise anheizen. Gewürze sind darin besonders stark. Aber auch andere Nahrungsmittel boostern mehr oder weniger. Wichtig ist nur, dass Sie die Fackel der Thermogenese wie ein olympisches Feuer unentwegt am Leben erhalten.

### Eiweiß lässt Fett schmelzen

Pushen Sie Ihren Energieverbrauch! Beispiel Eiweiß: Eiweiß ist ein starker Wärme-Booster. Nach einer eiweißhaltigen Mahlzeit hält die Thermogenese mehr als doppelt so lange an, als nach einer Kohlenhydrat-Mahlzeit mit gleichem Energiegehalt. Mit Eiweiß

*Auch pflanzliche Eiweiße boostern, vor allem Soja oder Bohnen: Denken Sie nur an Wachtelbohnen oder schwarze Bohnen, den »Kaviar der Karibik«.*

**Rechts:** Fisch enthält viel Jod.

*Zuwenig Eiweiß hat zu wenig Somatotropin im Blut zur Folge. Deshalb: Essen Sie viel Eiweiß für Ihre schlanke Linie.*

brennt Ihr innerer Ofen auf Hochtouren. Eiweiß macht satt und ist zugleich ein wirkungsvoller Kalorienbrenner. Eiweißdrinks wie Buttermilch, Kefir, Lassy, Sojadrinks oder Hülsenfrüchte wie Linsen, Bohnen und Kichererbsen, Fisch, Meeresfrüchte, Geflügel und Nüsse locken einen der stärksten T-Booster hervor: das Wachstums-Hormon Somatotropin.
Es fördert die Produktion von IG F, eines wichtigen Abnehmfaktors, der die Fettverbrennung ankurbelt. Es vertreibt den Hunger, gibt Kraft und übt einen verjüngenden Effekt auf Ihre Haut aus. Ein wesentliches Stimulans für das Wachstumshormon ist Vitamin C. Ohne das geht gar nichts.

### Jod: flotte Schilddrüse

Jod ist ein exzellenter T-Booster. Jod ist etwas für müde und schlappe Leute, deren Grundumsatz lahm ist wie eine bleierne Ente. Da reicht auch das mit Jod versetzte Kochsalz nicht mehr aus. Viel Jod steckt in Seefisch, Meeresfrüchten, Algen und damit auch in Sushi. Fantastisch!
Jod veranlasst Ihre Schilddrüse unter anderem das Hormon Trijodthyronin auszuschütten. Die Folge ist: Ihr Grundumsatz wird gesteigert, Kalorien werden massenweise verfeuert. Außerdem ist eine gut funktionierende Schilddrüse ein IG F Lieferant (siehe links). Achtung! Bei Schilddrüsenüberfunktion halten Sie sich mit

dem Verzehr von Algen unbedingt zurück!

### Grüner Tee

Polyphenol, in grünem Tee enthalten, verringert die Aufnahme von Nahrung im Darm und reduziert die Körperfettzunahme durch gesteigerte Fettverbrennung. Das ergab eine Studie bei Mäusen. Aber auch beim Menschen zeigten weitere Studien gewichtsreduzierende Eigenschaften. (Deutsches Institut für Ernährungsforschung, Potsdam). Empfohlene Trinkmenge: 4 bis 5 Tassen täglich.

**Tipp:** Überbrühen Sie grünen Tee nie zu heiß! Maximal mit 70 bis 80 Grad. Sie können bis zu vier Aufgüsse am Tag von einer Portion Tee herstellen.

### Kürbis

Sollten Sie leicht frieren, dann nutzen Sie den Boostereffekt des Kürbisses. Kürbis wärmt von innen. Verstärkt wird seine Wirkung, wenn Sie die Suppe mit Curry Madras, Ingwer, Galgant oder Chili würzen. Dann wird aus dem simplen Kürbis ein höllisches Gaumenfeuerwerk, wie zum Beispiel in Spicys Kürbissuppe mit Kokos.

### Ohne L-Carnitin keine Fettverbrennung

Gehören Sie zu den Fleischessern? Fleisch enthält den T-Booster L-Carnitin. Das L-Carnitin kommt in den meisten Zellen, besonders in Muskelzellen vor. Es ist ein Trägerstoff, der Fettsäuren zu den Fettverbrennungsanlagen in den Zellen, den Mitochondrien, transportiert. Dort werden sie dann zur Energiegewinnung verheizt. Daraufhin schmelzen die Fettpolster im wahrsten Sinne des Wortes dahin. Grundsätzlich sollten Sie aber nicht zu viel Fleisch essen! Der Darm bevorzugt gesunde Mischkost. (Zu viel rotes Fleisch fördert das Darmkrebsrisiko.)

**Tipp:** Ohne Vitamin C kein Carnitin. Um den Schlankmacher Carnitin herzustellen, braucht der Mensch täglich 2 bis 3 g Vitamin C (aber nicht mehr als 500 mg auf einmal!).

### Flüssiges

Eine australische Studie aus dem Jahr 2004 ergab, dass Olivenöl die Fettverbrennung nach einer Mahlzeit deutlich steigert. Auch einfaches Trinkwasser zeigt starke Boosterwirkung. An der Berliner Charité zeigte eine Studie: Das Trinken von einem halben Liter Wasser täglich steigert den Energieumsatz bei Übergewichtigen um etwa 50 Kalorien! Trinken Sie ein bis zwei Liter Wasser täglich! Das ergibt pro Jahr über 36 500 Kalorien. Dabei werden Sie fast 5 Kilogramm Fettgewebe los!

*Grüner Tee wirkt bewusstseinserweiternd und vitalisierend, sagen Japaner und Chinesen.*

# Spicys Küche: schlank & heiß

*Spicy ist eine Erlebnisküche, ein Festival für die Sinne. Sie werden bald feststellen: Spicy macht süchtig! Süchtig nach anregenden Geschmacksabenteuern. Bald werden Sie nie mehr darauf verzichten wollen! Und gerade das macht es so einfach, abzunehmen.*

# Let Spicy Be Your Energy!

*Spicy ist ultramodern, denn Spicy geht in die gleiche Essrichtung wie »Positive Eating« - der Hit aus London und New York. Grundideen des positiven Essens sind: nährstoffreiche, hochenergetische Kost und gesunde Kost mit relativ wenig Kalorien.*

## Gesundheit, die schmeckt

Immer nur gesunde und kalorienarme Nahrung essen, nur um abzunehmen? Da werden Abnehmen und Schlankbleiben zu einem Martyrium. Anders bei Spicy: Hier essen Sie wie in einem 3-Sterne-Restaurant. Und gesund ist es auch noch. Zwar ist es manchmal etwas teurer, einen guten Geschmack zu haben, aber bitte bedenken Sie: Vom Fast Food wird kein Mensch wirklich satt, von Spicy schon. Deshalb ist Fast Food wesentlich teurer als Spicy!

### Bewusst essen

Spicy ist nicht nur eine Methode für Übergewichtige, um abzunehmen, sondern auch ein Ernährungsstil, der Schlanke schlank bleiben lässt. Dabei gilt es, gesund zu essen, das heißt nährstoffreich und kalorienreduziert. Drei Dinge müssen Sie beherzigen:

1. Machen Sie es zum Prinzip, dass nur gesundes Essen auf Ihren Tisch kommt.
2. Lernen Sie, wie man Nahrungsmittel auswählt und woran Sie frische, gute Ware erkennen.
3. Bereiten Sie die Lebensmittel so zu, dass Vitalität und Geschmack nicht verloren gehen. Die Gerichte können und sollen Ihren persönlichen Bedürfnissen entsprechen: je nach Ihren Vorlieben, Ihrem Geschmack und Ihrem Gesundheitszustand.

Kochen Sie nach Spicy, erlernen Sie all das wie von selbst.

# 4 Säulen: Darauf kommt es an!

## Säule 1: Nährstoffe bleiben erhalten

Spicy verwendet hauptsächlich frische Zutaten. Sie können zwar Industrie-Saucen und -Salsas schon in jedem Supermarkt kaufen, doch mit Spicy machen Sie sie selbst: mit frischer Ananas, frischer Chilischote, frisch gepresstem Limettensaft. Oder nehmen Sie die T-Booster-Suppen, zum Beispiel die Paprikacremesuppe: mit besten Zutaten, kalt gepresstem Olivenöl, frisch geriebenem Ingwer oder Galgant. Auch frisch geriebene Kurkumawurzel würde passen. Das ist eine Küche, die lebt!

## Säule 2: Eiweiß – viel Fisch, wenig Fleisch

Eiweiß macht satt und Eiweiß boostert. Der besondere Kick: Eiweiß und Schärfe in Kombination boostern wie der Teufel. Ganz oben auf der Spicy Hitliste stehen deshalb die pflanzlichen Eiweiße: Linsen, Soja, Kichererbsen und Bohnen. Auch Fleisch kommt nicht zu kurz. Dazu kommt zu jedem Fisch- oder Geflügelgericht eine Limette oder Zitrone, sie sind gut für die Eiweißverdauung und für die Fettschmelze.

## Säule 3: Fett – keineswegs fett

Gesättigte Fettsäuren gibt es im Überfluss. Sie stecken in allen Dickmachern drin, von Pommes bis zu gesüßten Erfrischungsgetränken.
Mehrfach ungesättigte Fettsäuren, Omega-6-Fettsäuren, vor allem aber Omega-3-Fettsäuren, sind dagegen ein Muss! Unser Körper braucht sie, um Hormone, Nerven oder Hautzellen herzustellen. Deshalb verwenden Sie bei Spicy nur Oliven-, Raps-, Sesam-, Walnuss- und Speiseleinöl. Sie sollen, so bestätigen wissenschaftliche Untersuchungen, ebenfalls die Thermogenese begünstigen. Hausgemachte aromatisierte Öle, zum Beispiel ein Nussöl mit Zimt und Koriander, können Sie leicht selbst herstellen.
Hoch im Kurs steht Fisch, vor allem Lachs. Essen Sie zwischendurch fetthaltige Kaltwasserfische wie Makrele, Hering oder Sardine. Allesamt sind sie Zulieferer für die wichtigen Omega-3-Fettsäuren.

## Säule 4: Kohlenhydrate

Kochen Sie nach Spicy, erhalten Sie eine gesunde Mischkost: wenig Fett und weniger Kohlenhydrate als die Deutsche Gesellschaft für Ernährung empfiehlt. Dennoch dürfen Kohlenhydrate nicht fehlen, weil sie schnelle Energielieferanten sind.
Für Potato- und Spaghettifans gibt es bei Spicy Süßkartoffel (mittlerer Glyx, kaum Fett), chinesische Nudeln (niedriger Glyx), Parboiled Reis (niedriger Glyx und viel Eiweiß). Auch Couscous wirft genügend Kohlenhydrate ab.
Außerdem gibt es natürlich viel Obst und Gemüse, auch da stecken Kohlenhydrate drin und sie enthalten massenweise Ballaststoffe. Dadurch resorbiert der Körper die Kohlenhydrate langsamer, und es kommt nicht zu einem steilen Auf und Ab des Blutzuckerspiegels, sodass unangenehme Hungerattacken ausbleiben.

*Gute Gerichte sind auf das Wesentliche reduziert. Nur so kommt ein optimaler Eigengeschmack zustande.*

## Ernährung umstellen: anders essen, besser essen

Überlegen Sie einmal: Wann haben Sie Ihr Essen zuletzt tatsächlich genossen? Wann fühlten Sie sich danach wirklich gesättigt, energiegeladen und bester Laune? Ging es Ihnen nach dem Essen tatsächlich so, wie Sie es sich gewünscht haben? Ich hoffe, dass Ihre Antworten positiv ausfallen, wenn nicht, sollten Sie ganz ernsthaft darüber nachdenken, Ihre Ernährung umzustellen.

### Nähr-Stoffe statt Leer-Stoffe

Wir meinen, gutes Essen sollte Vergnügen bereiten und die Kommunikation anregen, es soll vor allem auch Kraft geben und gegen gesundheitliche Schäden vorbeugend wirksam sein. Was denken Sie darüber?

### Essen à la Spicy!

Spicy gibt Energie und Kraft, weil ausschließlich Lebensmittel mit hoher Nährstoffdichte verwendet werden: Vitamine, Mineralien, sekundäre Pflanzenstoffe, Spurenelemente, also »Lebens«mittel und nicht nur bloße »Nahrungs«-mittel.

Einfache Nahrungsmittel liefern keine Energien, sie sind Energieräuber. Ihr Körper bekommt nur leere Kalorien. Zusätzlich muss Ihr Organismus ungesunde Fette, Weißmehle und Zucker sowie alle denaturierten Industrieprodukte verdauen. Das kostet Ihren Körper zusätzliche Kraft.

Der Stoffwechsel wird nicht angefeuert, sondern er stagniert. Ihr Körper »verhungert«, obwohl Sie ihm zu Essen geben. Das merken Sie daran, dass Sie sich nach einer Fast-Food-Mahlzeit schnell unausgefüllt, lustlos, schlapp und bald wieder hungrig fühlen.

### Warum Spicy glücklich macht

Essen soll nicht nur satt, es soll auch glücklich machen! Ein gutes Restaurant erkennen Sie an glücklichen Gästen. Dort wird gelacht und erzählt. Dort ist Leben und Vergnügen.

Warum ist das so? Weil die Gäste sich gestärkt fühlen. Grund dafür sind die frischen Zutaten, reichlich Gewürze, beste Öle, möglichst wenig Fett und begrenzte Zufuhr an Kohlenhydraten. Es werden keine Instantprodukte, keine fertigen Industrie-Dressings, nur hin und wieder Gemüsebrühe aus dem Glas verwendet. Alles ist frisch zubereitet. Gewürze wie Muskat, Zimt, Koriander, Chili – alles Glücksbringer – veranlassen, dass massenweise Endorphine freigesetzt werden. Ihr Blut gerät in Wallung und Sie fühlen Sie sich bestens. Ein Zustand den Sie mit Spicy-Rezepten problemlos erreichen.

# *Spicys Hitliste*
## *verwendeter Nahrungsmittel*

*Vielseitig, bunt und zum Sattwerden, mit viel Spaß am Kochen und am positiven Essen: So räumt Spicy gleich mehrere Gourmet-Trophäen ab und belegt damit die ersten Plätze in punkto Gesundheit, Schlankheit und gute Laune.*

**Gewürze & Gewürzmischungen:**
Gemahlene Chilischoten, Peperoni, Ingwer, Kreuzkümmel, Koriander, Safran, Zimt und schwarzer Pfeffer,
frische Ingwer-, Galgant- und Kurkumawurzel
Gewürzmischungen: Curry Madras, Garam Masala

**Frische Kräutertöpfe:**
Koriander, Basilikum, Schnittlauch, Petersilie, rote Minze

**Hülsenfrüchte:**
Kichererbsen (wenig Kalorien, nahrhaft!), Borlottibohnen, rote Kidneybohnen, Schwarze und Weiße Bohnen, Tellerlinsen, gelbe und rote Linsen (geschält)

**Früchte und Gemüse:**
Mango, Papaya, Limetten, Heidelbeeren, Ananas, Kokos, Süßkartoffeln, Kürbis, Pilze (Shii-Take-Pilze, Austernpilze)

**Süßungsmittel:**
Ahornsirup, Fruchtzucker, Akazienhonig, Melasse (Rohrzuckersirup), hausgemachter Fruchtaufstrich oder Marmelde

**Milchprodukte:**
Kokosmilch, Sojamilch, Buttermilch, Kefir, Joghurt, Mozzarella, Feta, Hartkäse (Bergkäse, Parmesan, Pecorino)

**Öle:**
Olivenöl (kalt gepresst), Rapsöl, helles und dunkles Sesamöl, Kürbiskern- und Speiseleinöl, Walnussöl

**Fische:**
Lachs, Lachsforelle, Makrele, Kabeljau, Brasse, Krustentiere, Tintenfisch

**Fleisch:**
Geflügel wie Hähnchen, Pute, Wachteln, Rebhuhn und Fasan. Kaninchen, Reh, Lamm, Flugentenbrust ohne Fettschicht

**Reis und Nudeln:**
Wild- und Vollkornreis, Basmatireis, chinesische Mie-Nudeln, Glasnudeln, Vollkornnudeln, Nudeln aus Hartweizengrieß, Reisnudeln

*Spicy hilft Ihnen nicht nur dabei, schlank zu werden oder zu bleiben, die Ernährung nach Spicy beugt auch der Hautalterung vor!*

## Anti-Aging: Spicy hält jung

Die Ernährung nach der Spicy Methode macht die Haut glatt, zart und weich. Das verleiht ihr ein strahlendes Aussehen wie nach einem Urlaub. Man sieht es Ihnen bereits nach etwa 4 Wochen an. Der Grund: In frischem Obst und Gemüse stecken haufenweise sekundäre Pflanzenstoffe und Vitamine; das stärkt Ihr Immunsystem. Gewürze, Tomaten, Kohl, Blattgemüse und Früchte sind wirksame Radikalenkiller. Die Radikale sind Hauptfeinde einer jungen, glatten Haut. Gewürze und Gemüse wirken anti-oxidativ und schützen vor vorzeitiger Hautalterung. In allen Hülsenfrüchten wie Bohnen und Linsen sind Phytohormone, vorwiegend Phytoöstrogene enthalten. Phytoöstrogene sind die Hormone der Weiblichkeit und Schönheit. Zudem wirken sie auf das Appetitzentrum dämpfend. Und noch ein weiterer Grund weshalb Hülsenfrüchte ein echtes Beautyfood sind: Sie enthalten die Aminosäure Lysin, die ein wichtiger Bestandteil des Kollagens ist, Garant für eine straffe Haut.

## Endlich! Für immer schlank

Sie haben die ersten Pfunde abgenommen und Sie haben das Handwerkszeug kreativer und gesunder Kochkunst erlernt: Herzlichen Glückwunsch! Sicher ist: Sind die ersten Erfolge da, spornt Sie das zu eigenen Koch-Kreationen an. Dann sprudeln Ihre Einfälle nur so. Von da an wird Kochen wirklich zu einer Erlebnisküche. Dann werden Sie feststellen, dass Sie plötzlich nicht nur sich, sondern Ihre Freunde oder Ihre Familie total begeistern werden – dank Ihrer Spicy-Kochkünste!

### Ausgewogen: So entschärfen Sie Kaloriensünden

Sie haben 1 bis 2 Pfund zugenommen, nachdem Sie zum Essen eingeladen waren? Kein Problem! Kulinarische Sünden können Sie mit Spicy ganz schnell wieder ausgleichen. Mit einigen Koch-Kunstgriffen haben Sie Ihr letztes Wunschgewicht schnell wieder zurück. Legen Sie zwischendurch einen oder zwei Quick-Start-Tage ein. Oft genügt es bereits, wenn Sie abends eine der feinen T-Booster-Suppen essen.

# Der 10-Tage-Quick-Start

*Betrachten Sie den 10-Tage-Quick-Start als kalorienreduzierte Initialzündung für Schnell-Abnehmer. Natürlich müssen Sie sich nicht genau an die Abfolge der Rezeptauswahl halten. Wählen Sie nach Vorliebe und eigenem Geschmack aus.*

# Spicy: nicht Feind, sondern Freund!

*Lieben Sie Ihr Essen! Lieben Sie es, sich zu verwöhnen und dabei schlank zu bleiben. Dazu brauchen Sie keine Diät. Essen Sie einfach nur das Richtige!*

*Alle Rezepte sind für 2 Personen berechnet.*

## Spicy ist keine Volldiät

Betrachten Sie Spicy als Freund(-in) und nicht als Feind(-in). Erstens wollen wir nicht, dass Sie hungern und zweitens soll Ihr Grundumsatz nicht sinken. Drittens ist Spicy keine Volldiät. Sie müssen nicht fades Zeug essen, Sie müssen nicht darben. Schließlich soll die Thermogenese weiterhin auf Volldampf arbeiten. Spicy nimmt Ihnen nichts weg, ohne Ihnen dafür etwas viel Besseres zu geben, deshalb wird auch eine langfristige Ernährungsumstellung für Sie nur Gewinn statt Entbehrung bedeuten. Und danach?
Bitte bedenken Sie: Wunder gibt es auch bei Spicy nicht. Fünf Kilo innerhalb einer Woche abnehmen? Reine Utopie! Realistisch sind 1 bis 2 Kilo pro Woche. So nehmen Sie dauerhaft ab oder behalten Ihre schlanke Linie. Und wenn der Zeiger auf der Waage wieder aufwärts geht? Auch nach den ersten zehn Tagen mit Spicygerichten sollten Sie zwischendurch immer wieder einen Quick-Start-Tag einlegen.

### Zum Mitnehmen

Für's Büro oder zu einem Ausflug oder einfach nur für zwischendurch sind die Salsas ideal. Sie sind mehr als ein simpler Salat. Sie sättigen und sind geschmacksintensiv. Für das konsequente Abnehmen reichen auch die pürierten Powersuppen, dazu ein paar Tofu-Croûtons zum Naschen – karibische Zeiten. Ihre Freunde und Kollegen werden staunen!

# Auf geht's: Anleitung zum Quick-Start

### Kraftspender arabisch

Bitte nicht gleich alles auffuttern, was im Quickstart steht. Bleiben Sie kreativ und ersetzen Sie manchmal zwischendurch ein Hauptgericht durch einen Power-Shake oder eine Power-Suppe. Sie wärmt und füllt den Magen, ohne ihn über Nacht zu belasten. Außerdem sind Suppen wahre Kraftspender, zum Beispiel die »Gelbe Linsensuppe arabisch«.

### Viel Eiweiß

Am besten nehmen Sie ab, wenn Sie mittags einen Spezial-Salat mit viel Eiweiß wie Lachs oder einer Bohnensalsa essen und abends eine Booster-Suppe.

### Ruhige Nächte

Essen Sie möglichst nicht später als 18 bis 19 Uhr zu Abend. Sonst werden über Nacht die Fettschmelzöfen Ihres Körpers nicht mehr eingeschaltet. Meiden Sie zu schweres Essen, sonst kommen Sie nachts nicht zur Ruhe.

### Süße Sünden

Ersetzen Sie kalorienreiche Sünden durch gesunde Snacks. Für Couch-Potatoes, die gern viel kauen und den Magen beruhigen wollen, gibt es: Trockenobst, besonders ungeschwefelte Aprikosen, Bitterschokolade (mindestens 75 % Kakaogehalt), Nüsse oder frische Feigen, Schokodrinks, Joghurt mit Getreide (Weizenkleie, Leinsamen, Haferflocken) oder süße Früchte.

### Immer öfter

Weichen Sie immer öfter auf Getränke aus, statt gleich zum Müsliriegel zu greifen: Kefir, Buttermilch, Sojadrinks, Mineralwasser mit frisch gepresstem Limettensaft, Früchte- und Kräutertees schmecken besser als Sie meinen. Probieren Sie den Ingwertee mit Limette. Insgesamt 2 bis 3 Liter pro Tag sollten Sie schon trinken.

### Spicys Getränkebar

Verwöhnen Sie sich mit Powershakes. Damit polen Sie Ihren Geschmack auf köstliche Drinks um und sie nehmen die Lust auf Alkoholisches. Beispiele dafür sind: Tomaten-Avocado-Smoothie mit Ingwer, Ananas-Buttermilch-Shake, Mandarinen-Papaya-Saft.

### Fruchtige Zaubereien

Essen Sie über den Tag verteilt mindestens drei Obstportionen: z. B. mit gewürzter Kokosmilch, Joghurt und Ahornsirup .

### Saurer Hunger

Vermeiden Sie alles was säuert. Kaffee am Morgen ist in Ordnung, außerdem ist er ein guter T-Booster. Danach trinken Sie unbedingt ein großes Glas Wasser. Damit bringen Sie sich auf Touren. Tagsüber verzichten Sie besser auf kohlensäurehaltige Getränke. Die machen nur hungrig. Ein bis zwei Glas Rotwein am Abend dürfen Sie gerne trinken. Sollten Sie Lust auf mehr bekommen, greifen Sie gleich zu einem Shake. Die Powershakes können eine ganze Mahlzeit ersetzen.

### Süße Zuckerschlecker

Es muss nicht immer Zucker sein, Alternativen dazu gibt es in Hülle und Fülle. Verwenden Sie zum Süßen am besten Ahornsirup, Fruchtzucker (Fruktose) oder Akazienhonig. Achtung: Fruktose süßt um 20 % stärker als Zucker! Melasse, Sirup aus dem Zuckerrohr, eignet sich gut als Aufstrich.

### Happy Fitness

Bringen Sie sich in Schwung, wann immer Sie Gelegenheit dazu haben. Stichwort: Urban Fitness (S. 21).

## Frühstück

**1 Glas stilles Mineralwasser**

**Früchte-Sojajoghurt**
2 Kiwis
1 kleine Banane
1 EL Zitronensaft
2 Sojajoghurt (à 125 g)
3 EL Vollkorn-Haferflocken
2 EL Leinsamen
2 EL Weizenkleie
1–2 EL Ahornsirup

**1** Kiwis und Banane schälen, beides klein würfeln. Zitrone auspressen.

**2** Sojajoghurt in einer Schale mit den vorbereiteten Früchten, Vollkorn-Haferflocken, Leinsamen, Weizenkleie und Zitronensaft verrühren. Ahornsirup darüber träufeln.

**Grüner Booster-Tee**
Keine Beutel verwenden, sondern offenen Tee!

Pro Tasse ½ bis 1 TL grünen Tee in eine Kanne geben und mit heißem Wasser aufgießen. 5 Minuten ziehen lassen. Anschließend den Tee absehen.

## Snack

**Tomaten-Avocado-Smoothie mit Ingwer**
2–3 Tomaten
1 reife Avocado
1 TL frisch geriebener Ingwer
Meersalz
schwarzer Pfeffer

**1** Tomaten vierteln, entkernen und grob zerkleinern. Avocado halbieren, den Kern herausnehmen und das Fruchtfleisch mit einem Esslöffel herauslösen. Ingwer schälen und fein reiben.

**2** Alle Zutaten in ein hohes Gefäß füllen und mit dem Stabmixer auf höchster Stufe cremig mixen, mit Salz und Pfeffer abschmecken. Ist der Smoothie zu sämig, einfach einen Schuss Mineralwasser mit Kohlensäure zufügen.

### Spicy Info

**Trinken Sie jeden Morgen auf nüchternen Magen 1 Glas stilles Mineralwasser. Studien ergaben: Wasser ist ein hervorragender T-Booster, da Ihr Organismus Energien verbraucht, um das Wasser auf Körpertemperatur zu bringen.**

## Mittag

**Italienischer Salat mit scharfen Bohnen**

1 kleiner Kopf Eichblattsalat
1 kleiner Bund Rucola
1 große rote Zwiebel
2 Knoblauchzehen
1 frische rote Peperoni
2 Tomaten
1 Dose Weiße Riesenbohnen (Abtropfgewicht 240 g)
4 EL Olivenöl
2 EL weißer Balsamico
1 Msp. Cayennepfeffer
Salz, schwarzer Pfeffer

**1** Die Salate waschen, verlesen und trockenschleudern. Zwiebel und Knoblauch schälen, Peperoni längs halbieren, entkernen – alles fein hacken. Tomaten vierteln, entkernen und in Würfel schneiden. Bohnen gut abspülen.

**2** Für die Vinaigrette Olivenöl, Balsamico und Peperoni in ein hohes Gefäß geben und mit dem Stabmixer kurz anmixen. Zwiebel und Cayennepfeffer zufügen, danach salzen und pfeffern.

**3** Jetzt die Vinaigrette über die Bohnen gießen und, falls Sie Zeit haben, 20 Minuten marinieren. Salat, Tomaten und Bohnen auf Teller verteilen. Etwas von der Marinade über den Salat löffeln.

## Abend

**Tomatensuppe mit Tofu-Croûtons**

1 Petersilienwurzel (ca. 140 g)
2 Knoblauchzehen
1 kleine rote Zwiebel
1 TL frisch geriebener Ingwer
120 g klassischer, fester Tofu
je 1 TL Mehl, Kurkuma, Cayennepfeffer
je 1/4 TL Salz, schwarzer Pfeffer
3–4 EL Olivenöl
1/4 l Gemüsebrühe
1 Dose geschälte Tomaten (Abtropfgewicht 240 g)
1 getrocknete Chilischote
einige Spritzer Zitronensaft

**1** Petersilienwurzel, Knoblauch und Zwiebel schälen – alles sehr fein würfeln. Geschälten Ingwer fein reiben. Den Tofu in 1 cm große Würfel schneiden. Für das Würzmehl Mehl, Kurkuma, Cayennepfeffer, Salz und etwas Pfeffer mischen. Die Tofuwürfel darin wenden.

**2** Zuerst die Petersilienwurzel in 2 EL Olivenöl bissfest dünsten. Dann Zwiebel und Knoblauch zufügen und anglasen. Mit Gemüsebrühe und dem Inhalt der Tomatendose auffüllen. Mit Ingwer und Chilischote würzen. Sobald das Gemüse weich ist, die Suppe mit dem Stabmixer cremig mixen. Mit Zitronensaft, Salz und Pfeffer abschmecken.

**3** In der Zwischenzeit 1 bis 2 EL Olivenöl in einer beschichteten Pfanne erhitzen und die Tofuwürfel von allen Seiten in etwa 10 Minuten knusprig braten. Die Suppe in den Tellern mit Tofuwürfel bestreuen.

**Spicy Info**

**Abgepackter Tofu hält sich länger. Beim Tofu müssen Sie unbedingt auf das Haltbarkeitsdatum achten.**

## Frühstück

### Powereier mit Spicywürze

1 EL Cayennepfeffer
1 EL schwarzer Pfeffer
1 EL Ingwerpulver
2 EL Meersalz
4 Eier
2 Scheiben Vollkornbrot (à 50 g)
etwas Butter

**1** In einer kleinen Schale alle Gewürze gut mischen und in einen Salzstreuer abfüllen.
Tipp: Als Vorrat gleich die dreifache Portion mischen und in ein dunkles Schraubglas füllen.

**2** Die Eier anstechen und 5 Minuten kochen. Die Vollkornbrote sparsam mit Butter bestreichen. Die gekochten Eier mit der Würzmischung dazu verspeisen.

### Grüner Tee mit Minze und Ingwer

1 cm Ingwerknolle schälen und fein reiben. Für 6 Tassen: 1/2 bis 1 TL grünen Tee pro Tasse, Ingwer und 1 bis 2 TL getrockneten Pfefferminztee in eine Kanne geben. Mit heißem Wasser überbrühen, 5 Minuten ziehen lassen. Danach den Tee abseihen.

## Snack

### Mango-Smoothie mit Eiweiß

1 kleine Mango
1 frische rote Peperoni
2–3 Orangen
2–3 EL Limettensaft
1 EL frisch geriebener Ingwer
2 Naturjoghurt (à 150 g), 3,8 %
1–2 EL Eiweiß (aus der Apotheke)

**1** Mango schälen, Fruchtfleisch vom Kern schneiden und grob zerkleinern. Peperoni längs halbieren, entkernen und fein würfeln. Orangen und Limette auspressen. Ingwer schälen und fein reiben.

**2** Mangostücke und Ingwer in ein hohes Gefäß geben und mit dem Stabmixer cremig aufmixen. Anschließend Joghurt, Peperoniwürfel, Orangensaft und das Eiweiß folgen lassen. Abermals mixen. Mit Limettensaft abrunden.

**Spicy Info**

**Grüner Tee richtig zubereitet: mit heißem Wasser (etwa 70 bis 80 Grad C) aufgießen. Er verträgt bis zu 4-mal einen Aufguss. Gute Sorten sind: Sencha, Longjing und Gun powder.**

## Mittag

**Räucherlachssalat mit Wasabi-Dip**

80 g Feldsalat
1 Hand voll Kirschtomaten
3 EL Wasabi-Pulver (Fertigprodukt in Asialäden)
2 EL Naturjoghurt, 3,8 %
3 EL Walnussöl
2 EL weißer Balsamico
Meersalz
schwarzer Pfeffer
200 g Räucherlachs

**1** Den Feldsalat waschen, verlesen und trockenschleudern. Tomaten waschen und halbieren.

**2** Wasabi-Dip: Wasabi-Pulver mit Wasser verrühren, Joghurt zufügen. Vinaigrette: Walnussöl, Balsamico, Salz und Pfeffer in einer Schüssel mit dem Schneebesen aufschlagen.

**3** Feldsalat und Tomaten mit der Vinaigrette mischen und auf zwei Teller verteilen. Den Räucherlachs darauf setzen und den Wasabi-Dip extra dazu reichen.

## Abend

**Paprika-Tomaten-Suppe**

1 kleine rote Zwiebel
2 Knoblauchzehen
1 große rote Paprikaschote
1 frische rote Peperoni
1 EL frisch geriebener Ingwer
etwas Parmesanspäne
4 EL Olivenöl
1 Dose geschälte Tomaten (Abtropfgewicht 240 g)
300 ml Gemüsebrühe
Meersalz, schwarzer Pfeffer
6 Basilikumblätter

**1** Zwiebel und Knoblauchzehen schälen und fein hacken. Paprika und Peperoni entkernen, beides fein würfeln. Ingwerknolle schälen und fein reiben. Parmesan mit einem scharfen Messer vom Stück schaben.

**2** Zwiebel, Knoblauch, Paprika und Peperoni in Olivenöl sanft andünsten. Sobald das Gemüse weich ist, den gesamten Inhalt der Tomatendose und die Gemüsebrühe zufügen. Mit Ingwer, Salz und Pfeffer würzen. 6 Minuten sanft köcheln lassen, dann mit dem Stabmixer pürieren. Mit Basilikum und Parmesan garniert servieren.

## Spicys Getränkebar

**Ingwer-Bier mit Ahornsirup**

2 gehäufte EL frisch geriebener Ingwer
3–4 Limetten
800 ml Mineralwasser mit viel Kohlensäure
2–4 TL Ahornsirup

**1** Ingwerknolle mit einem scharfen glatten Messer schälen, dann am besten mit einer Ingwerreibe sehr fein reiben. Die Limetten mit dem Handballen rollen, halbieren und den Saft auspressen.

**2** Ingwer und Limettensaft in ein hohes Gefäß geben. Mit 300 ml Mineralwasser auffüllen und umrühren. Anschließend über Nacht im Kühlschrank ziehen lassen. Dann mit dem restlichen Mineralwasser, am besten eisgekühlt, auffüllen.

**3** Ingwer-Bier in Gläser füllen und mit je 1 TL Ahornsirup oder auch mehr, ganz nach Ihrem persönlichen Geschmack, süßen. Besonders gut schmeckt Ingwer-Bier mit zerstoßenem Eis.

## Frühstück

### Kurkuma-Omelette

1 frische rote Peperoni
1 dünner Bund Schnittlauch
3 Eier
je 1/4 TL gem. Kurkuma, Chilipulver
Salz, schwarzer Pfeffer
1 EL Rapsöl
2 Scheiben Vollkornbrot (à 50 g)

**1** Peperoni längs halbieren, entkernen und fein würfeln. Schnittlauch waschen, trockenschütteln und in Röllchen schneiden.

**2** Die Eier in einer Schüssel verquirlen. Peperoniwürfel zufügen, anschließend mit Kurkuma, Chilipulver, Salz und Pfeffer würzen.

**3** In einer beschichteten Pfanne Rapsöl erhitzen. Das Ei darin stocken lassen. Omelett halbieren und auf dem Vollkornbrot anrichten. Schnittlauch darüber streuen.

### Grüner Tee mit Ingwer und Zitrone

1 cm Ingwerknolle schälen und fein reiben. Für 6 Tassen pro Tasse 1/2 bis 1 TL grünen Tee zusammen mit Ingwer und 4 EL Zitronensaft in eine Kanne geben. Mit heißem Wasser aufgießen, 5 Minuten ziehen lassen.

## Snack

### Sojajoghurt

1 Kiwi
4 EL Haferflocken (ganzes Korn)
1 EL Leinsamen
2 Sojajoghurt (à 125 g)
1 EL Honig
einige Spritzer Zitronensaft
Wer mag: 2 EL Eiweiß (aus der Apotheke)

**1** Die Kiwi schälen und in kleine Würfel schneiden.

**2** In einem Schälchen alle Zutaten mischen und mit Zitronensaft abschmecken.

**Spicy Info**

**Super-Abnehmeffekt: Eiweiß und Schärfe am frühen Abend. Beispiel: Lachs, Garnelen oder Tofu mit scharfem Dip oder Salsa essen. Danach gibt's nichts mehr. Am nächsten Tag zeigt Ihre Waage bis zu 400 g weniger an!**

## Mittag

**Miso-Suppe mit Garnelen**

8 Riesengarnelen, roh, geschält
1 Schalotte, 1 Knoblauchzehe
1 frische rote Peperoni
1 Karotte, 1 Zucchini (ca. 60 g)
1 Frühlingszwiebel
1 TL frisch geriebener Ingwer
1 EL Rapsöl
Paste für 600 ml Instant-Miso-Suppe
Meersalz, schwarzer Pfeffer

**1** Garnelen kalt abspülen und trockentupfen. Schalotte und Knoblauch schälen, beides fein hacken. Peperoni längs halbieren und entkernen, Karotte schälen, Zucchini waschen, alles in feine Streifchen schneiden. Frühlingszwiebel putzen und in Ringe schneiden. Geschälten Ingwer fein reiben.

**2** Schalotte, Knoblauch, Peperoni und Karotte in Rapsöl andünsten. Mit Wasser ablöschen, die Misopaste einrühren. Anschließend den Ingwer zufügen. Nach einigen Minuten die Zucchinistreifchen und die Garnelen folgen lassen. Sobald die Garnelen sich rosa färben, die Frühlingszwiebeln in die Suppe geben. Salzen und pfeffern.

## Abend

**Tofu-Taschen mit Chili-Salsa**

1 frische rote Peperoni
3 getrocknete Tomatenhälften in Öl
1 EL frisch geriebener Ingwer
300 g klassischer, fester Tofu
2 EL frisch geriebener Parmesan
1 TL getrockneter Oregano
1 Knoblauchzehe
Salz, schwarzer Pfeffer
1 EL Mehl, 1 TL gem. Kurkuma
1 TL Cayennepfeffer

**1** Peperoni längs halbieren und entkernen und mit den Tomaten fein hacken. Geschälten Ingwer sehr fein reiben. 2 Scheiben vom Tofublock abschneiden, jeweils 3 cm dick. In die Tofuscheiben eine Tasche für die Füllung schneiden (etwa 4,5 cm breit und 4,5 cm lang).

**2** Für die Füllung Peperoni, Tomaten, Parmesan, Ingwer und Oregano mischen. Den Knoblauch dazupressen, salzen und pfeffern. Für das Würzmehl Mehl, Kurkuma, Cayennepfeffer, Salz und Pfeffer mischen.

**3** Die Taschen in den Tofuscheiben mit der Füllung bestücken. Tofuscheiben in Würzmehl wenden und in Rapsöl beidseitig 10 Minuten knusprig braten.

## Spicys Getränkebar

**Mandarinen-Papaya-Saft**

1 kleine Papaya
8 Mandarinen
1 EL Limettensaft
1 TL frisch geriebener Ingwer

**1** Die Papaya halbieren und die Kerne herauslösen. Papaya schälen, Fruchtfleisch grob zerkleinern. Mandarinen und Limette getrennt voneinander auspressen. Ingwer schälen und sehr fein reiben.

**2** Papaya und Ingwer in ein hohes Gefäß füllen und mit dem Stabmixer cremig pürieren. Anschließend mit 1 EL Limetten- und dem gesamten Mandarinensaft auffüllen. Noch einmal kurz mixen.

**Spicy Info**

**Gesundheit pur! 100 g Tofu enthalten so viel pflanzliches Eiweiß, dass Sie damit Ihren Tagesbedarf an Eiweiß bis zu 40 % decken können! Täglich gegessen, senkt er den Cholesterinspiegel. Zugleich steigt das »gute« HDL-Cholesterin an!**

10-Tage **4** Quick-Start

## Frühstück

**Toasties mit Ingwer-Dip**

1 dünner Bund Schnittlauch
1 Tomate
1 TL frisch geriebener Ingwer
1–2 EL Zitronensaft
2 EL Magerquark
Salz, schwarzer Pfeffer
1 Vollkorntoastie

**1** Den Schnittlauch waschen, trockenschütteln, in Röllchen schneiden. Tomate waschen und in Scheibchen schneiden. Den Ingwer schälen und sehr fein reiben – das geht am besten mit einer Ingwerreibe. Zitrone auspressen.

**2** Quark, Ingwer, Zitronensaft, Salz und Pfeffer mischen. Anschließend den Schnittlauch unterheben. Falls Sie Zeit haben, das Ganze 10 Minuten ziehen lassen. Die beiden Toastiehälften in den Toaster stecken, dann mit Ingwerquark bestreichen. Tomatenscheiben darauf legen.

**Grüner Tee mit Anis und Minze**

Für 4 große Tassen 2 TL grünen Tee, 1 TL Anistee, 2 TL Minzetee fein geschnitten, in eine Kanne geben und mit heißem Wasser begießen. 4 Minuten ziehen lassen, abseihen, fertig.

## Snack

**Ananas-Soja-Shake**

2 Scheiben frische Ananas (à 200 g)
1 TL frisch geriebener Ingwer
1 kleine Banane
1/4 l Sojamilch
1–2 EL Limettensaft

**1** Alle Zutaten sollten eisgekühlt sein. Ananas 10 Minuten in den Gefrierschrank legen. Von der Ananas Schale, Augen und Strunk entfernen, dann das Fruchtfleisch grob würfeln. Geschälten Ingwer fein reiben. Banane schälen und grob würfeln.

**2** Ananas und Ingwer in ein hohes Gefäß füllen. Jetzt so lange mit dem Stabmixer auf höchster Stufe aufmixen, bis die Ananas herrlich cremig wird. Sojamilch und Banane zufügen und nochmals aufmixen. Mit Limettensaft abschmecken.

**Spicy Info**

**Hollywoods Lieblingsfrucht Nr. 1 ist die Ananas. Sie macht schön und hält schlank. Frische Ananas enthält das Enzym Bromelin. Es strafft die Haut, transportiert das Eiweiß zur Zelle und facht die Fettverbrennung ganz enorm an.**

## Mittag

**Gelbe Linsensuppe mit Galgant**
160 g geschälte gelbe Linsen
1 große Schalotte
2 Knoblauchzehen
1 kleine Karotte
1–2 frische rote Peperoni
1 dünner Bund Schnittlauch
1 TL frisch geriebener Galgant
1 EL Olivenöl
1/4 l Gemüsebrühe
1 TL helle Sojasauce
Salz, schwarzer Pfeffer
2 TL Speiseleinöl

**1** Die Linsen waschen, bis das Wasser klar ist – Wasser wegschütten. Schalotte, Knoblauch und Karotte schälen, Peperoni längs halbieren und entkernen – alles fein hacken. Schnittlauch in Röllchen schneiden. Geschälten Galgant fein reiben.

**2** Schalotte, Knoblauch, Karotte und Peperoni in Olivenöl hell andünsten. Mit Gemüsebrühe ablöschen und die Linsen zufügen. Mit Galgant, Sojasauce, Salz und Pfeffer würzen und 6 bis 8 Minuten köcheln, bis die Linsen weich sind.

**3** Die Suppe in Teller schöpfen, mit Schnittlauch bestreuen und mit je 1 TL Leinöl beträufeln.

## Abend

**Lachs mit Ananas-Salsa**
2 Limetten
2 Lachsfilets (à 125 g)
1 frische rote Peperoni
1 frische rote Chilischote
8 Stängel Koriandergrün
1 Frühlingszwiebel
2 Scheiben frische Ananas (à 200 g)
1–2 EL Olivenöl
Salz, schwarzer Pfeffer
1 Prise Zucker, 2 EL Rapsöl
1/4 TL Ingwerpulver

**1** Limetten auspressen. Lachs kalt abspülen, trockentupfen und mit etwas Limettensaft beträufeln. Peperoni längs halbieren, entkernen und fein würfeln. Chilischote längs einschneiden. Koriander fein hacken. Frühlingszwiebel in Röllchen schneiden. Ananas sorgfältig schälen, den Strunk entfernen, das Fleisch in 1 cm große Würfel schneiden.

**2** Für die Salsa: Ananaswürfel in eine Schüssel füllen. Olivenöl, Limettensaft, Salz, Pfeffer und Zucker mit dem Schneebesen cremig schlagen und darüber geben. Peperoni zufügen, zum Schluss die Röllchen der Frühlingszwiebel und den Koriander hineingeben. 10 Minuten ziehen lassen.

**3** In einer Pfanne 1 bis 2 EL Rapsöl erhitzen und die Chilischote darin braten, bis das Öl geschärft ist, dann wieder herausholen. Lachsfilet einlegen und pro Seite 2 bis 3 Minuten braten. Mit Ingwerpulver würzen. Salzen, pfeffern.

### Spicy Info

**Fleisch enthält viel Eiweiß und das macht bekanntlich stark. Aber auch Hülsenfrüchte enthalten massenweise bestes pflanzliches Protein (pro 100 g Hülsenfrüchte 20 g Eiweiß). Wenn das kein Grund ist von Fleisch auf Linsen, Bohnen und Kichererbsen umzusteigen. Sie füllen den Magen und machen schnell satt. Dabei nehmen Sie auch noch ab.**

## Frühstück

**Hüttenkäse »hot & spicy«**

1 Lauchzwiebel
1 frische rote Peperoni
1 Knoblauchzehe
1 TL frisch geriebener Ingwer
1 dünner Bund Schnittlauch
200 g Hüttenkäse
Salz, weißer Pfeffer
1–2 EL Limettensaft
2 Scheiben Vollkornbrot (à 50 g)

**1** Geputzte Lauchzwiebel in dünne Ringe schneiden. Peperoni längs halbieren, entkernen, sehr fein würfeln. Knoblauchzehe abziehen. Ingwerknolle schälen und fein reiben. Schnittlauch waschen und in Röllchen schneiden.

**2** Hüttenkäse in einer Schüssel mit folgenden Zutaten mischen: Ingwer, Lauchzwiebel und Peperoni. Die Knoblauchzehe dazupressen. Mit Salz, Pfeffer und Limettensaft abschmecken.

**3** Hüttenkäse auf die Vollkornbrote streichen und mit Schnittlauch bestreuen. Wer will kann die Brote zusätzlich mit Tomaten oder Gurkenscheiben belegen.

## Snack

**Tropen-Power-Shake**

1 rosa Grapefruit
1 Orange
2 EL Limettensaft
2 Scheiben frische Ananas (à 200 g)
1 EL frisch geriebener Ingwer
150 g Naturjoghurt, 3,8 %
1–2 EL Eiweiß (aus der Apotheke)

**1** Alle Zutaten sollten eisgekühlt sein. Den Saft von Grapefruit, Orange und Limette auspressen. Von der Ananas sorgfältig die Schale entfernen und den Strunk herausschneiden. Geschälten Ingwer fein reiben.

**2** Ananas und Ingwer in ein hohes Gefäß füllen und mit dem Stabmixer auf höchster Stufe cremig pürieren. Dann erst Zitrussaft, Joghurt und Eiweiß zufügen und noch einmal kurz mixen.

### Spicy Info

**Studie aus Hawaii: Milchprodukte machen schlank! Je mehr kalziumreiche Lebensmittel die Studienteilnehmer gegessen hatten, desto weniger wogen sie. Kalziumreich sind z. B. Hartkäsesorten wie Bergkäse, Pecorino, Manchego.**

## Mittag

**Bohnensalat mit Mozzarella**

2 Flaschentomaten
1 Mini-Salatgurke (200 g)
1 Frühlingszwiebel
1 frische rote Chilischote
1 Kugel Mozzarella (150 g)
1 Knoblauchzehe
3 EL Walnussöl
2 EL Weißweinessig
je 1/4 TL Salz, schwarzer Pfeffer
1 Dose Weiße Riesenbohnen (Abtropfgewicht 240 g)

**1** Tomaten waschen, vierteln und entkernen, Salatgurke längs vierteln, beides 1 cm groß würfeln. Frühlingszwiebel putzen, in dünne Ringe schneiden. Chilischote entkernen und grob zerkleinern. Mozzarella würfeln. Knoblauchzehe schälen.

**2** Für die Vinaigrette: Walnussöl, Weißweinessig, Chilischote und Knoblauch in ein hohes Gefäß geben und mit dem Stabmixer aufmixen, dann salzen und pfeffern.

**3** Die Bohnen in einem Sieb mit heißem Wasser etwa 1 Minute abbrausen. In eine Salatschüssel geben und sofort mit der Vinaigrette mischen. Restliche Zutaten zufügen, dann 10 Minuten ziehen lassen.

## Abend

**Lammsteak mit »Mojo«**

2 Lammsteaks (à 180 g)
2 Limetten
1 frische grüne Peperoni
1 dünner Bund Koriandergrün
10 frische Minzeblätter
1 große Knoblauchzehe
1 große rote Zwiebel
7 EL Olivenöl
1 Msp. gem. Kreuzkümmel
1 Prise Zimt
1/4 TL Salz, schwarzer Pfeffer

**1** Steaks kalt abspülen, trockentupfen. Limetten auspressen. Peperoni längs halbieren, entkernen und fein würfeln. Koriander und Minze waschen, Knoblauchzehe schälen, alles sehr fein hacken. Zwiebel schälen und quer in Ringe schneiden.

**2** Für die Mojo in einer Schale Limettensaft, 4 EL Olivenöl, Peperoni, Kreuzkümmel, Zimt, Knoblauch, Kräuter, Salz und Pfeffer mischen. 30 Minuten im Kühlschrank ziehen lassen, danach abschmecken.

**3** Zwiebelringe in 2 EL Olivenöl hell andünsten, salzen. Gleichzeitig in einer Grillpfanne in 1 EL Olivenöl die Lammsteaks pro Seite 2 bis 3 Minuten scharf braten, leicht salzen und pfeffern. Mit den Zwiebeln und mit Mojo übergossen servieren.

## Spicys Getränkebar

**Ananas-Ingwer-Schorle**

300 g frische Ananas (nur das Fleisch)
1 EL frisch geriebener Ingwer
1–2 EL Limettensaft
400 ml Mineralwasser mit Kohlensäure, eisgekühlt

**1** Die Ananas sorgfältig von der Schale befreien und den Strunk herausschneiden. Das Fleisch in kleine Stücke schneiden. Die Ingwerknolle schälen und sehr fein reiben. Limette auspressen.

**2** Ananaswürfel und Ingwer in ein hohes Gefäß geben und mit dem Stabmixer auf höchster Stufe cremig pürieren. Mit Mineralwasser auffüllen und mit Limettensaft abschmecken. Noch einmal kurz aufmixen. Servieren Sie dieses Schlankheitselixier auf zerstoßenem Eis. Herrlich!

### Spicy Info

**Nicht vergessen: Jeden Abend ein Glas Mineralwasser mit einigen Spritzern Zitronensaft trinken. Der klassische Abnehmdrink!**

10-Tage **6** Quick-Start

## Frühstück

**Tropenfruchtmüsli**

1 Scheibe frische Ananas (à 200 g)
1 kleine Papaya
1 EL Limettensaft
2 Becher Sojajoghurt (à 125 g)
4 EL Biomüsli (ohne Zucker und Schokolade)
2 EL Ahornsirup

**1** Die Ananas sorgfältig schälen und den Strunk herausschneiden. Papaya halbieren, die schwarzen Kerne entfernen und schälen – beide Früchte klein würfeln. Limette auspressen.

**2** In einem Schälchen Sojajoghurt und Limettensaft mischen. Die restlichen Zutaten zufügen und auf zwei Schalen verteilen. Zum Schluss mit je 1 EL Ahornsirup beträufeln.

**Anis-Ingwer-Zitronentee**

Ingwer schälen und sehr fein reiben. Zitrone auspressen. Für 1/2 l Wasser 2 TL Anissamen, 1 TL frisch geriebenen Ingwer, 3 TL Zitronensaft und 2 TL Honig in eine Kanne geben. Jetzt mit heißem Wasser begießen, 5 Minuten ziehen lassen und abseihen.

## Mittag

**Linsensuppe »arabisch«**

160 g gelbe geschälte Linsen
1 Schalotte, 2 Knoblauchzehen
1 frische rote Peperoni
1 Stange Staudensellerie
1 TL frisch geriebener Ingwer
10 Stängel Koriandergrün
2 EL Olivenöl
3/4 l Gemüsebrühe
je 1/4 TL gem. Kreuzkümmel, Chilipulver, gem. Kurkuma
1/2 TL Garam Masala
Salz, schwarzer Pfeffer

**1** Linsen waschen, bis das Wasser klar ist. Das Wasser wegschütten. Schalotte und Knoblauch schälen, Peperoni längs halbieren und entkernen, Staudensellerie putzen, alles sehr fein würfeln. Ingwer schälen und fein reiben. Koriander fein hacken.

**2** Schalotte, Staudensellerie, Knoblauch und Peperoni in Olivenöl hell andünsten. Mit Gemüsebrühe ablöschen und die Linsen zufügen. Ingwer, Kreuzkümmel, Chilipulver, Kurkuma und Garam Masala folgen lassen, salzen, pfeffern. Dann 6 bis 8 Minuten sanft köcheln und mit Koriander bestreut servieren.

## Abend

### Riesengarnelen mit Melonen-Salsa

200 g Riesengarnelen, geschält
1 reife Netzmelone (ca. 800 g)
1 frische rote Peperoni
1 frische rote Chilischote
2 Frühlingszwiebeln
8 Stängel Koriandergrün
2 Limetten
1 EL frisch geriebener Ingwer
4 EL Kokosmilch, ungesüßt
1/4 TL Salz, schwarzer Pfeffer
2 EL Rapsöl

**1** Garnelen kalt abspülen, trockentupfen. Melone entkernen und in 1 cm große Würfel schneiden. Peperoni und Chilischote längs halbieren, die Peperoni entkernen und fein würfeln. Frühlingszwiebeln in Röllchen schneiden. Koriander fein hacken. 1 Limette auspressen, die andere in Spalten schneiden. Geschälten Ingwer fein reiben.

**2** Für die Salsa Melonenwürfel in eine Schüssel geben. Ingwer, 4 bis 5 EL Limettensaft, Kokosmilch und die Hälfte der Peperoniwürfel in einem hohen Gefäß mit dem Stabmixer kurz aufmixen. Salzen, pfeffern und mit der Melone in der Schüssel mischen. Frühlingszwiebeln, restliche Peperoniwürfel und Koriander darüber streuen. 10 Minuten ziehen lassen.

**3** Dann 2 EL Rapsöl erhitzen und die Chilischote darin braten, bis das Öl geschärft ist, wieder herausholen und die Garnelen einlegen. Pro Seite 1 Minute braten, salzen, pfeffern. Garnelen auf der Melonen-Salsa anrichten, Limettenspalten an den Tellerrand setzen.

**Spicy Info**

**Salsas sind mehr als nur flüssigscharfe Saucen. In Spicy werden Tropenfrucht- oder Hülsenfrucht-Salsas als kalorienarme Beilagen oder auch als Hauptgerichte genossen.**

## Spicys Getränkebar

### Karottensaft mit Peperoni

1 frische rote Peperoni
600 g Bio-Karotten
1 Apfel
2 TL Olivenöl

**1** Von der Peperoni den Blütenansatz entfernen, der Länge nach halbieren, dann entkernen. Karotten und Apfel waschen, entsprechend der Einfüllgröße Ihres Entsafters zerkleinern.

**2** Alle Zutaten im elektrischen Entsafter auspressen. Den Saft in zwei hohe Gläser füllen und mit je 1 TL Olivenöl beträufeln.

10-Tage **7** Quick-Start

## Frühstück

### Tropenfruchtjoghurt

1 kleine Papaya
1 kleine Mango
1 Kiwi
150 g Naturjoghurt, 3,8 %
1 EL Ahornsirup
1–2 EL Limettensaft

**1** Papaya halbieren, die Kerne mit einem Löffel herausholen, die Schale entfernen. Mango schälen, das Fruchtfleisch vom Kern herunter schneiden. Kiwi schälen. Alle Früchte gleich groß würfeln.

**2** Joghurt mit Ahornsirup verrühren und mit Limettensaft abschmecken. Tropenfrüchte auf Schalen verteilen, den Joghurt obenauf setzen.

### Schwarzer Tee mit Kardamom und Zimt

Für 0,5 l Tee 6 Kardamomkaspeln, 1 Zimtstange, 1 Anisstern in eine Kanne geben und mit heißem Wasser begießen. Dann 3 bis 4 Minuten ziehen lassen, danach abseihen. Eventuell mit etwas Honig oder Rohrzucker süßen.

## Snack

### Ananas-Buttermilch-Shake

2 Scheiben frische Ananas (à 200 g)
300 ml eiskalte Buttermilch
1 TL Fruchtzucker
150 g Naturjoghurt, 3,8 %

**1** Die Ananas für 10 Minuten ins Gefrierfach stecken. Sie sollte eisgekühlt sein. Die Schale sorgfältig abschneiden und den Strunk entfernen. Fruchtfleisch grob würfeln.

**2** Ananaswürfel in einem hohen Gefäß mit dem Stabmixer auf höchster Stufe cremig aufmixen. Buttermilch und Fruchtzucker zufügen, mixen. Joghurt folgen lassen – abermals aufmixen.

## Mittag

**Hähnchenbrustsalat mit Chili**

1 große Hähnchenbrust (400 g)
80 g Feldsalat
2 frische rote Chilischoten
2 Knoblauchzehen
1 Bund glatte Petersilie
1 TL frisch geriebener Ingwer
6 EL Olivenöl
3 EL Zitronensaft
Je 1/4 TL Curry Madras und Cayennepfeffer
Salz, schwarzer Pfeffer

**1** Hähnchenbrust kalt abspülen und trockentupfen. Jetzt in der Mitte teilen und die beiden Hälften quer möglichst tief einschneiden. Feldsalat waschen, verlesen und trockenschleudern. Chilischoten entkernen und Knoblauch schälen, beides fein würfeln. Petersilie fein hacken. Geschälten Ingwer fein reiben.

**2** Den Ofen auf 220 Grad vorheizen. Für die Kräutermischung 4 EL Olivenöl, 1 EL Zitronensaft, Ingwer, Chilischoten, Knoblauch, Curry Madras, Cayennepfeffer, Petersilie, Salz und Pfeffer mischen. Eine Auflaufform (24 x 24 cm) mit 1 EL Olivenöl auspinseln, Hähnchen hineinsetzen und die Kräutermischung in die Einschnitte füllen.

**3** Die Hähnchenbrust auf der mittleren Einschubleiste 25 bis 30 Minuten im Ofen garen. Hähnchenbrust auf den Feldsalat setzen. Diesen mit Olivenöl und 2 EL Zitronensaft beträufeln.

### Spicy Info

**Natürliche Bitterstoffe in Gemüse, Kräutern und Obst fördern das Sättigungsgefühl. Folge: Sie essen weniger. Deshalb genießen Sie während der Saison möglichst oft Chicorée, Radicchio, Endiviensalat und Löwenzahn.**

## Abend

**Spicy Salat mit Oliven-Salsa**

80 g Rucola, 120 g Radicchio
2 Chicorée, 1 Tomate, 1 Karotte
1 Kugel Mozzarella (150 g)
1/2 rote Zwiebel
1 frische rote Peperoni
1 EL grüne Oliven, entsteint
1 Knoblauchzehe
3 EL Olivenöl, 2 EL Balsamico
1 EL Zitronensaft
1/4 TL Chilipulver
Salz, schwarzer Pfeffer

**1** Salate waschen, verlesen und trockenschleudern. Radicchio und Chicorée quer zum Strunk in 3 cm dicke Streifen schneiden. Tomate vierteln, entkernen und in Spalten schneiden. Karotte schälen und mit dem Sparschäler längs dünne Streifchen abziehen. Mozzarella klein würfeln. Zwiebel schälen und mit der Peperoni und den Oliven sehr fein würfeln. Knoblauch schälen.

**2** Für die Oliven-Salsa Olivenöl, Balsamico, Zitronensaft, Chilipulver, Salz und Pfeffer cremig schlagen. Peperoni, Oliven und die Zwiebel hinzufügen, die Knoblauchzehe dazupressen.

**3** Den Salat in einer Schüssel mit der Oliven-Salsa gut mischen und mit dem Mozzarella bestreuen.

## Frühstück

### Knäckebrot mit scharfer Putenbrust

1 Flaschentomate
1 frische rote Peperoni
1 dünner Bund Schnittlauch
2 Stück Vollkornknäcke
4 Scheiben geräucherte Putenbrust
Meersalz
schwarzer Pfeffer

**1** Tomate waschen und schräg in Scheibchen schneiden. Peperoni längs halbieren, entkernen und möglichst fein würfeln. Schnittlauch waschen, trockenschütteln und in Röllchen schneiden.

**2** In einem Schälchen Peperoni und Schnittlauch mischen. Jeweils 1 Scheibe Knäckebrot mit 2 Scheiben Putenbrust belegen. Dann mit Tomatenscheiben garnieren und mit der Peperoni-Schnittlauch-Mischung bestreuen, salzen und pfeffern.

### Spicy Info

**Essen Sie lieber Vollkornknäckebrot, zum Beispiel aus Weizen und Roggen. Es hat einen niedrigeren Glyx-wert als die anderen Sorten.**

## Snack

### Scharfe Tropenfrüchtchen

1 kleine Papaya
1 Scheibe frische Ananas
1 Kiwi
1 EL frisch geriebener Ingwer
1 rote Grapefruit
1 EL Limettensaft
1–2 TL Ahornsirup

**1** Papaya halbieren, schälen, die Kerne mit einem Löffel entfernen, Ananas von Schale und Strunk befreien, Kiwi schälen und alles in kleine Stücke schneiden. Ingwer schälen und sehr fein reiben. Grapefruit auspressen.

**2** Grapefruitsaft und Ingwer in ein hohes Gefäß geben und mit dem Stabmixer auf höchster Stufe cremig aufmixen. Mit Limettensaft abschmecken.

**3** Die vorbereiteten Fruchtstücke in zwei Schalen füllen und mit dem gewürzten Zitrussaft begießen. Wünschen Sie etwas Süße? Einfach mit Ahornsirup beträufeln. Auch Honig passt sehr gut dazu.

## Mittag

### Spicy Linsen-Salsa

1 Frühlingszwiebel
1 Hand voll Kirschtomaten
1 frische rote Chilischote
1 EL frisch geriebener Ingwer
200 g Bio-Tellerlinsen
4 EL Walnussöl
2 EL weißer Balsamico
1/4 TL Salz
schwarzer Pfeffer

**1** Frühlingszwiebel waschen, in dünne Ringe schneiden. Kirschtomaten waschen und halbieren. Chilischote entkernen und grob zerkleinern. Ingwer schälen und sehr fein reiben.

**2** Linsen waschen und in kochendem Wasser 20 bis 30 Minuten weich köcheln lassen. Abseihen und in eine Salatschüssel füllen.

**3** Für die Vinaigrette Chilischote, Ingwer, Walnussöl und Balsamico in ein hohes Gefäß geben. Mit dem Stabmixer cremig aufmixen, dann salzen und pfeffern. Die Vinaigrette mit den Linsen mischen. Tomatenhälften unterheben. 20 Minuten ziehen lassen.

## Abend

### Minestrone mit Tofu-Croûtons

120 g klassischer fester Tofu
1 EL Mehl
je 1 TL Chilipulver, gem. Koriander
Salz, schwarzer Pfeffer, 4 EL Olivenöl
1 Schalotte, 1 Knoblauchzehe
1 frische rote Peperoni
1 Stange Staudensellerie
1 Karotte, 150 g Zucchini
1 TL frisch geriebener Ingwer
3/4 l Gemüsebrühe
1 Lorbeerblatt

**1** Für die Tofu-Croûtons Tofu in 2 cm große Würfel schneiden. In einer Schale Mehl, Chilipulver, Koriander, Salz und Pfeffer mischen und die Tofuwürfel darin wenden. Dann in 2 EL Olivenöl von allen Seiten 10 Minuten knusprig braten.

**2** Schalotte und Knoblauch schälen, Peperoni längs halbieren, alles fein würfeln. Staudensellerie putzen, Karotte schälen und längs halbieren, Zucchini halbieren. Alles in dünne Halbmonde schneiden. Geschälten Ingwer fein reiben.

**3** Staudensellerie, Schalotte, Knoblauch und Peperoni in 2 EL Olivenöl hell andünsten. Mit Gemüsebrühe auffüllen, Ingwer und Lorbeerblatt zufügen. Zum Schluss die Zucchini folgen lassen und 2 Minuten köcheln. Die Suppe mit Tofuwürfeln bestreut genießen. Wer will: Frisch geriebenen Parmesan dazu reichen.

## Spicys Getränkebar

### Melonen-Kiwi-Schorle

200 g Cantaloup Melone
1 Kiwi
1 TL frisch geriebener Ingwer
2 EL Limettensaft
300 ml Mineralwasser mit viel Kohlensäure
1–2 EL Ahornsirup

**1** Melone in dünne Spalten schneiden, schälen, die Kerne entfernen. Kiwi schälen, beides in kleine Würfel schneiden. Ingwer schälen und fein reiben. Limette auspressen.

**2** Melone, Kiwi, Ingwer und Limettensaft in ein hohes Gefäß füllen. Jetzt mit dem Stabmixer auf höchster Stufe cremig aufmixen. Mit eisgekühltem Mineralwasser auffüllen – abermals mixen. Zum Schluss mit Ahornsirup süßen.

**Spicy Info**

**Eine Melone ist reif, wenn ihr Nabel genauso süß duftet wie sie schmeckt. Achtung! Melonen reifen nur wenig nach. Deshalb immer gut duftende, reife Exemplare kaufen.**

10-Tage **9** Quick-Start

## Frühstück

### Ananas mit Kokosjoghurt

2 Scheiben frische Ananas (à 200 g)
150 g Naturjoghurt, 3,8 %
2 EL Kokosmilch, ungesüßt
1 EL Limettensaft
1–2 EL Ahornsirup

**1** Ananas sorgfältig schälen und den harten Strunk herausschneiden. Anschließend das Fruchtfleisch klein würfeln.

**2** Für den Kokosjoghurt in einer kleinen Schale Joghurt, Kokosmilch und Limettensaft verrühren. Jetzt mit Ahornsirup nach Geschmack süßen. Ananaswürfel in Schalen füllen, Kokosjoghurt darüber geben.

### Minz Dream Tee mit Ingwer

2 cm Ingwer schälen und fein reiben. 20 Minzeblätter in Streifen schneiden. Für 800 ml: 6 bis 8 TL grünen Tee, Minze, Ingwer, Zucker nach Geschmack in eine Kanne geben. Mit heißem Wasser begießen, 5 Minuten ziehen lassen. Tipp: Im Hochsommer eisgekühlt mit Eiswürfeln trinken.

## Snack

### Schokoladen-Drink mit Chili

4 TL Kakao
(mindestens 70 % Kakaogehalt)
1–2 TL Zucker
1/2 l Vollmilch
je 1 Prise Zimt und Cayennepfeffer

**1** In einer Tasse Kakao mit Zucker mischen. Dann mit 5 TL kalter Milch glatt rühren.

**2** Die restliche Milch erhitzen. Kurz bevor sie aufkocht, die flüssige Schokolade einrühren. Zum Schluss mit Zimt und Cayennepfeffer die Schärfe boostern.

### Spicy Info

**Keine Angst vor Süßhunger! Getrocknete Aprikosen, ungeschwefelt, Bitterschokolade (Kakaoanteil mindestens 70 %) oder in Bitterschokolade getauchte Nüsse oder Früchte passen gut in die Spicy-Abnehmwelt.**

## Mittag

**Marinierter Gemüsesalat mit Feta**

2 gelbe Paprikaschoten
300 g Zucchini
1 Knoblauchzehe
je 1 frische rote Peperoni und Chilischote
1 Frühlingszwiebel
100 g Feta (aus Ziegenmilch)
6 EL Olivenöl, 2 EL weißer Balsamico
1 EL Zitronensaft
Salz, schwarzer Pfeffer
2 EL Kalamata Oliven
8 Basilikumblätter

**1** Paprikas vierteln, entkernen und wie die Zucchini in 1 cm große Würfel schneiden. Knoblauchzehe schälen. Peperoni und Chilischote längs halbieren, entkernen und fein hacken. Frühlingszwiebel ohne Wurzelbüschel in dünne Ringe schneiden. Feta würfeln.

**2** Peperoni-Vinaigrette: 4 EL Olivenöl, weißen Balsamico, Peperoni und Chilischote in einem hohen Gefäß mit dem Stabmixer kurz anmixen. Jetzt den Inhalt in ein Schälchen geben, Knoblauch dazupressen, mit Zitronensaft, Salz und Pfeffer würzen.

**3** Zucchini und Paprikawürfel in 2 EL Olivenöl bissfest braten. In eine Schüssel geben und sofort mit der Vinaigrette mischen. Oliven und Frühlingszwiebeln hinzufügen und 30 Minuten ziehen lassen. Mit Feta und Basilikum servieren.

## Abend

**Tomaten-Peperoni-Suppe**

1 rote Zwiebel
2 Knoblauchzehen
1 Karotte
1 Stange Staudensellerie
1 frische rote Peperoni
1 TL frisch geriebener Ingwer
2 EL Olivenöl
350 ml Gemüsebrühe
1 Dose geschälte Tomaten (Abtropfgewicht 240 g)
8 Basilikumblätter
Meersalz
schwarzer Pfeffer

**1** Zwiebel, Knoblauch und Karotte schälen, Staudensellerie putzen, Peperoni längs halbieren und entkernen. Alles fein würfeln. Geschälten Ingwer fein reiben.

**2** Das Gemüse in 2 EL Olivenöl hell andünsten. Mit Gemüsebrühe ablöschen, den gesamten Inhalt der Tomatendose und den Ingwer hinzufügen. Sobald das Gemüse sehr weich ist, die Suppe mit dem Stabmixer cremig pürieren. Dann die Basilikumblätter in die Suppe geben und nochmals kurz anmixen, salzen, pfeffern.

## Spicys Getränkebar

**Gemüsesaft mit Galgant**

1 Mini-Salatgurke (240 g)
1 grüne Paprikaschote
2 Stangen Staudensellerie
1 cm frische Galgantwurzel
1 EL Zitronensaft
je 1 Msp. Cayennepfeffer, Meersalz, schwarzer Pfeffer

**1** Gurke waschen, halbieren und entkernen. Parikaschote vom Kerngehäuse befreien. Staudensellerie waschen. Galgantwurzel mit einem Messer schälen.

**2** Gurke, Paprika, Staudensellerie und Galgant in der elektrischen Saftpresse entsaften. Mit Zitronensaft, Cayennepfeffer, Salz und Pfeffer würzen.

**Spicy Info**

**Gemüsesäfte immer hausgemacht und möglichst »bio« aus der eigenen Presse trinken! So holen Sie alles raus, was in der Frucht steckt, ohne Konservierungsstoffe, ohne Geschmacksverstärker, ohne Farbstoffe und künstlich zugesetzte Vitamine.**

## Frühstück

**Joghurtmüsli**
2 Naturjoghurt (à 150 g), 3,8 %
2 EL Ahornsiurp
4 EL Haferflocken
2 EL Leinsamen
3 EL Weizenkleie

**1** Joghurt und Ahornsirup in einer Schale cremig rühren.

**2** Die restlichen Zutaten dazugeben und noch einmal mischen.

**Grüner Tee mit Galgant und Limone**
Für 4 große Tassen:
2 bis 3 TL grünen Tee, 1 TL Minzetee, fein geschnitten, 1/4 TL Galgant, fein gerieben und 2 EL Limettensaft, frisch gepresst, in eine Kanne geben und mit heißem Wasser aufgießen. 4 Minuten ziehen lassen, abseihen.

## Snack

**Avocado-Kokos-Shake**
1 reife Avocado
einige Spritzer Limettensaft
100 ml Kokosmilch, ungesüßt
2 TL Fruchtzucker (aus dem Reformhaus)
350 ml Sojamilch
2 EL Eiweiß (aus der Apotheke)

**1** Die Avocado halbieren und den Kern herauslösen. Das Fruchtfleisch mit einem Löffel aus der Schale heben, dann grob würfeln. Die Limette halbieren.

**2** Avocadowürfel, Kokosmilch und Fruchtzucker in ein hohes Gefäß geben und mit dem Stabmixer cremig aufmixen. Sojamilch und Eiweiß hinzufügen, wieder aufmixen. Mit Limettensaft nach eigenem Gusto abschmecken.

**Spicy Info**

**Der erwachsene Mensch benötigt pro Kilogramm Köpergewicht 1 g Eiweiß. Das bedeutet: Eine Frau, die 70 Kilo wiegt braucht 70 g Eiweiß täglich. Vitamin C hilft das Eiweiß besser zu verdauen.**

## Mittag

### Safran-Peperoni-Suppe

1 große Schalotte, 1 Knoblauchzehe
1 frische rote Peperoni
2 TL gehackter Schnittlauch
1 EL frisch geriebener Ingwer
120 g klassischer, fester Tofu
je 1 TL gem. Kurkuma, Koriander
1 EL Mehl, Salz, schwarzer Pfeffer
4 EL Olivenöl, 80 g Glasnudeln
3/4 l Gemüsebrühe
1 Dose Safranpulver (0,1 g)
1 Lorbeerblatt, Spritzer Limettensaft

**1** Schalotte und Knoblauch schälen, beides fein hacken. Peperoni längs halbieren, entkernen und fein würfeln. Schnittlauch in Röllchen schneiden. Geschälten Ingwer fein reiben.

**2** Tofu-Croûtons: Tofu in 1 cm große Würfel schneiden. Kurkuma, Koriander, Mehl, 1/4 TL Salz und etwas Pfeffer mischen. Tofuwürfel im Würzmehl wenden, in 2 EL Olivenöl 10 Minuten sanft knusprig braten. Glasnudeln mit kochendem Wasser bedecken, 6 Minuten quellen lassen, abseihen und etwas zerkleinern.

**3** Schalotte, Knoblauch und Peperoni in 2 EL Olivenöl hell andünsten. Mit Gemüsebrühe ablöschen. Mit Safran, Ingwer und Lorbeerblatt, Würze geben. Nach 4 Minuten die Glasnudeln zufügen, dann 3 Minuten köcheln lassen, abschmecken.
Die Suppe mit Tofu-Croûtons und Schnittlauch bestreut genießen.

## Abend

### Lachs im Noriblatt mit zweierlei Dips

2 Tk-Lachsfilets (à 125 g)
1 Limette
1/2 TL frisch geriebener Ingwer
2 rote Chicorée
3 TL Wasabi-Pulver
3 TL Naturjoghurt, 3,8 %
1 TL scharfer Meerrettich (aus dem Glas)
Salz, schwarzer Pfeffer
1 1/2 getrocknete Sushi Noriblätter (im Asialaden)
1 EL Rapsöl

**1** Die aufgetauten Lachsfilets in je 4 gleich große Stücke schneiden. Saft einer Limette auspressen und den Lachs darin mindestens 10 Minuten marinieren lassen. Geschälten Ingwer fein reiben. Chicoréeblätter vom Strunk lösen.

**2** Wasabi-Dip: Wasabi-Pulver mit 3 EL Wasser und 1 TL Naturjoghurt glatt rühren. Für den Meerrettich-Ingwer-Dip: 2 TL Naturjoghurt, Meerrettich, Ingwer, etwas Salz und Pfeffer mischen.

**3** Vom Noriblatt 4,5 cm breite Streifen abschneiden. Lachswürfel trocknen, salzen und pfeffern und je ein Stück auf den Anfang eines Noristreifens legen, 2-mal aufrollen. Überschüssiges Nori abschneiden. Rapsöl in einer beschichteten Pfanne erhitzen. Lachsröllchen auf der Nahtseite einlegen und bei mittlerer Hitzezufuhr 3 Minuten auf jeder Seite braten lassen.

**4** Chicorée rund um die Teller legen. Die fertigen Lachsröllchen in die Mitte setzen. Die Dips extra dazu reichen.

Auch Austernsauce und Sojasauce passen gut zu dem Gericht.

### Spicy Info

**Köstliche Algen! Als Sushi oder frisch als Salat und Gemüse oder getrocknet in der Suppe. Ihr hoher Jodgehalt aktiviert die Schilddrüse. Der Eiweißbaustein Phenylalanin in der Alge Spirulina bremst den Hunger. Bekannte Arten: Nori, Wakame, Kombu, Laitue de mer, Dulse, Haricot vert de mer.**

# Spicy-Rezepte

*Geniale Rezepte – kurz und schnell. Perfekt für Anfänger, für Hobbyköche, für Frauen, die das Kochen hassen und für Männer, die das Kochen lieben – und umgekehrt natürlich! So boostern Sie sich schlank!*

# Spicys Kitchen:

## Küchengeheimnisse, Tricks, Tipps & Co.

*Willkommen in Spicys Kochwelt, die für Kochneulinge genauso wie für Kochprofis geeignet ist, weil sie keinerlei Kocherfahrung voraussetzt. Die Rezepte sind einfach, unkompliziert und im Handumdrehen fertig. Sie brauchen nicht mehr als eine Mini-Küche und ein Mini-Equipment.*

### Daran kommen Sie nicht vorbei

1 leistungsstarker Stabmixer, 1 Chopper (800 Watt), 1 großes Schneidbrett aus Glas, 4 scharfe Messer, 1 Küchenwaage, 1 paar Handschuhe zum Reiben der Kurkumaknolle, 1 Auflaufform (24 x 24 cm), 1 Universal-Küchenreibe, 1 Ingwer- und Muskatreibe, 1 Salatschleuder sowie dunkle Glasgefäße zum Aufbewahren der Gewürze.

### Gourmet-Tricks

Spicy steht und fällt mit seinen herrlichen Aromen. Und so bringen Sie die Aromen am besten an die Zutaten:

✶ Hülsenfrüchte und Kartoffeln werden, solange Sie noch heiß sind, mit würzigen Vinaigrettes begossen. Beim Abkühlen saugen sie dann die Würzaromen komplett in sich auf.
✶ Geben Sie 1/2 TL Kurkumapulver ins Kochwasser für Kartoffeln, Pasta, Asianudeln und Weiße Bohnen. Kurkuma färbt sie goldgelb und gibt ihnen ein spezielles rauchiges Aroma.
✶ Auch Viniagrettes, Dips und Salsas lassen sich prima würzen, wenn Sie die Gewürze und Zutaten einfach einmal kurz aufmixen.
✶ Würzmehl zum Schärfen von Paniertem ist echt spicy: egal ob für Fisch, Fleisch oder Tofu. Und so funktioniert es: 1 TL Mehl mit 1 EL pro zugefügtem Gewürz mischen. Beispiel: Arabische Mi-

schung: 2 1/2 TL Mehl, 1 EL Kreuzkümmel, 1 EL gem. Koriander, je 1/2 TL Salz und schwarzer Pfeffer.

## Scharf, schärfer, am schärfsten?

Scharf macht Spaß und lässt das Blut flotter durch die Adern fließen. Und wenn es einmal ein bisschen brennt? Scharf essen ist Übungssache, da sich die Geschmackspapillen an die Schärfe gewöhnen. Spicy Gerichte sind nicht unerträglich scharf, sondern kräftig aromatisch abgerundet. Erlaubt ist also, was Ihnen noch schmeckt.

**Tipp:** Entfernen Sie am Anfang die Samen aus Chilischoten und Peperoni. Je nach gewünschtem Schärfegrad können Sie sie später auch mitkochen. Falls Sie zum Scharfmacher avancieren und das Gericht ist nach Ihrem Geschmack zu wenig scharf geraten, boostern Sie die Schärfe einfach mit ein paar Tropfen Chiliöl. Auch in Öl angebratene, zerkleinerte getrocknete Chilischoten schärfen ungemein.

*Ein Gourmethimmel voller Sterne! Die Sterne vor den Rezepttiteln stehen für den Booster-Effekt, nicht für den Schärfegrad. Drei Sterne: Sie können ohne Reue essen und verlieren maximal an Kalorien.*

### Spicys Schlankmenüs

**Asiatische Verführung**
Hokkaido-Kürbis-Suppe mit Curry S. 88
Glasnudeln in scharfer Kokosmarinade S. 103
Melonen-Kiwi-Schorle S. 65

**Sushi spezial**
Grüner Tomatensalat S. 84
Lachs im Noriblatt S. 69
Grüner Booster-Tee S. 50

**Schlemmerburger**
Paprika-Tomaten-Suppe S. 53
Tofu-Bärlauch-Burger S. 123
Grüner Booster-Tee S. 50

**Meister Lampe**
Scharf-saure Garnelensuppe S. 88
Kaninchenfilet mit Galgant-Sauce S. 96
Ananas-Ingwer-Schorle S. 59

**Holiday Menü**
Gemüsesaft mit Galgant S. 67
Karibischer Fruchtsalat mit Garnelen S. 82
Heidelbeereis mit Ahornisurp S. 79

**Cuisine d'Amour**
Papayasuppe mit Kokos S. 89
Maishähnchen mit Grapefruit-Sauce S. 94
Grüner Booster-Tee S. 50

**Exotische Linsen**
Grüner Tee mit Ingwer und Zitrone S. 54
Gelbe Linsensuppe mit Shiitake S. 91
Melonen-Kiwi-Schorle S. 65

**Boost me**
Grüner Tee mit Anis und Minze S. 56
Süßkartoffelsuppe mit Kokos S. 90
Tropenfrüchte mit Ingwer-Joghurt S. 77

**Cool & Spicy**
Ananas-Soja-Shake S. 56
Lachs mit Gurken-Minze-Salsa S. 82
Grüner Booster-Tee S. 50

**Mediterran**
Grüner Tomatensalat mit Peperoni-Zwiebel-Salsa S. 84
Langostinos mit Peperoni S. 117
Ananas-Soja-Shake S. 56

**Erfrischend & belebend**
Miso-Suppe mit Garnelen S. 55
Spicy Salat mit Oliven-Salsa S. 63
Gemüsesaft mit Galgant S. 67

**Fiesta Cubana**
Tomatensuppe mit Tofu S. 51
Lammsteak mit Minz-Koriander-Salsa S. 95
Ingwer-Bier S. 53

**New York Bar**
Grüner Tee mit Ingwer und Zitrone S. 54
Viktoriabarsch in Orangensauce S. 116
Karottensaft mit Peperoni S. 61

**Traumfigur**
Artischocken mit Walnussöl S. 84
Safran-Chicken-Suppe mit Peperoni S. 88
Schokoladen-Drink mit Chili S. 66

**Black Beauty**
Rohkostsalat mit Ingwer-Joghurt-Dressing S. 83
Reis mit Schwarzen Bohnen S. 108
Schokoladen-Drink mit Chili S. 66

# Muntermacher & Snacks

*Spicy-Eggs vorweg, für zwischendurch*
*Chili-Crêpes und zum Schluss die Abkühlung:*
*Heidelbeereis mit Ahornsirup.*
*Kochen Sie mit Phantasie!*
*Nicht nur cool, auch echt scharf sind*
*die original Spicy-Power-Shakes.*

## ✶✶✶ T-Booster-Gewürz für Kaffee und Schokoladendrinks

2 TL frisch geriebene Muskatnuss
9 TL Kardamompulver
3 TL Zimtpulver
1 TL schwarzer Pfeffer
1/2 TL gem. Gewürznelken
2 Msp. Chilipulver

**1** Einen sauberen, dunklen Schraubglasbehälter für Gewürze wählen. Die Muskatnuss mit einer Muskatreibe reiben.

**2** Alle Gewürze gut miteinander mischen und in den Behälter füllen. Pro Tasse 1 Prise der Mischung mit Zucker einrühren. Schmeckt toll zum Beispiel in einem Schokoladendrink (s. Seite 66).

**Spicy Info**

**Wie viel Kaffee täglich? Das Koffein steigert die Thermogenese und die Energieverbrennung. Deshalb trinken Sie Kaffee! Aber nicht mehr als 4 Tassen, pro Tag. Sonst ist seine entwässernde Wirkung zu stark!**

## ✶✶ Spicy Gewürz-Spiegelei

2 große Eier
1 frische rote Peperoni
6 Stängel krause Petersilie
je 1/4 TL Curry Madras, gem. Koriander
Salz
schwarzer Pfeffer
1 EL Butter

**1** Die Eier trennen, Eiweiß und Eigelb jeweils in eine kleine Schüssel geben. Darauf achten, dass das Eigelb unversehrt bleibt. Peperoni längs halbieren, entkernen und fein würfeln. Petersilie waschen, trockenschütteln und sehr fein hacken.

**2** Das Eiweiß in der Schale mit Curry Madras, gemahlenem Koriander, Peperoniwürfeln, Petersilie, Salz und Pfeffer am besten mit einem kleinen Schneebesen aufschlagen.

**3** Butter in einer beschichteten Pfanne schmelzen lassen und das gewürzte Eiweiß hineingeben. Nach 2 Minuten die Eigelbe folgen lassen. Sobald das Eiweiß gestockt ist, sind die Spicy-Eier fertig.

## ✶✶ Breakfast-Quark »hot & fun«

1/2–1 frische rote Peperoni
1 Mini-Salatgurke (ca. 80 g)
1 TL frisch geriebener Ingwer
1–2 EL Limettensaft
1/4 Kasten Biokresse, ersatzweise
1 dünner Bund Schnittlauch
3 EL Magerquark
1/4 TL Salz
1/4 TL schwarzer Pfeffer

**1** Die Peperoni der Länge nach halbieren, entkernen und fein würfeln. Salatgurke halbieren, die Kerne herauslösen, die Gurke sehr fein würfeln. Ingwer schälen und fein reiben. Limette auspressen. Kresse abschneiden.

**2** Jetzt den Magerquark in eine kleine Schüssel geben. Mit Ingwer, Salz und Pfeffer verrühren und mit Limettensaft abschmecken. Dann die Peperoni, die Gurkenwürfel und die Kresse oder den Schnittlauch unterheben. Schnell essen, da die Gurke Flüssigkeit verliert.

Dazu passt Pumpernickel oder Vollkornknäckebrot.

## ★★ Tropenfrüchte mit Ingwer-Joghurt

1 Scheibe frische Ananas (ca. 200 g)
1 kleine Papaya
1/2 Mango
1 EL frisch geriebener Ingwer
2 Sojajoghurt (à 125 g)
1 EL Limettensaft
2 EL Ahornsirup

**1** Die Ananas sorgfältig von Schale und Augen befreien. Papaya halbieren, die Kerne mit einem Löffel herausholen, die Schale entfernen. Mango schälen, das Fruchtfleisch vom Kern herunterschneiden. Alle Früchte gleich groß würfeln. Geschälten Ingwer fein reiben.

**2** Joghurt mit Ingwer verrühren und mit Limettensaft abschmecken. Die Früchte auf zwei Schalen verteilen, den Ingwerjoghurt obenauf setzen und mit je 1 TL Ahornsirup süßen.

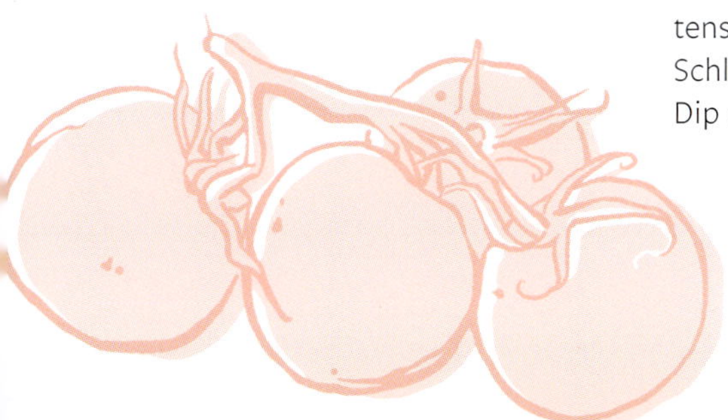

## ★★ Räucherlachs mit Meerrettich-Dijon-Senf-Dip

60 g Räucherlachs
1 Flaschentomate
2 große Salatblätter
2 Kürbiskernbrötchen
2 EL Naturjoghurt, 3,8 %
1 EL scharfer Meerrettich (aus dem Glas)
1/2 TL Dijon Senf
Meersalz
schwarzer Pfeffer

**1** Räucherlachs 10 Minuten in die Gefriertruhe geben. Tomate waschen, mit Küchenkrepp trocknen und in Scheibchen schneiden. Salatblätter waschen und trockentupfen. Die Brötchen halbieren.

**2** Für den Dip in einer kleinen Schale Naturjoghurt, Meerrettich und Dijon Senf verrühren. Mit Salz und Pfeffer abschmecken.

**3** Je eine Brötchenhälfte mit einem Salatblatt belegen. Lachs und Tomatenscheibchen folgen lassen. Zum Schluss den Meerrettich-Dijon-Senf-Dip darauf geben.

## ★★ Vollkornbrot mit scharfen Pilzen

120 g Egerlinge
2 Salatblätter
1 frische rote Peperoni
1 frische rote Chilischote
1 EL Olivenöl
1 Prise Zimt
1 Prise gem. Koriander
Salz, schwarzer Pfeffer
2 Scheiben Vollkornbrot

**1** Egerlinge trocken säubern, Stielenden entfernen, die Köpfe blättrig schneiden. Salatblätter waschen und trockentupfen. Peperoni längs halbieren, entkernen und fein würfeln. Die Chilischote ebenfalls halbieren.

**2** In einer Pfanne Olivenöl erwärmen. Chilischote einlegen und solange braten lassen, bis das Öl geschärft ist, dann herausfischen. Peperoni und Egerlinge in die Pfanne geben, kurz, aber scharf braten. Mit Zimt, Koriander, Salz und Pfeffer würzen.

**3** Zum Anrichten die Vollkornbrote mit je einem großen Salatblatt belegen und die geschärften Egerlinge darauf verteilen.

## ✶✶ Tofu-Croûtons mit Chili-Garnelen

180 g klassischer, fester Tofu
1 EL Mehl, 1 TL Curry Madras
1 TL Chilipulver
1/4 TL Salz, schwarzer Pfeffer
2 rote Chicorée
1 frische rote Chilischote
4 EL Rapsöl
12 Riesengarnelen, roh, geschält
einige Spritzer Zitronensaft
12 Kirschtomaten
12 hölzerne Zahnstocher

**1** Vom Tofublock 3 Scheiben, je 2 cm dick abschneiden, dann 2 cm groß würfeln. Für das Würzmehl: Mehl, Curry Madras, Chilipulver, Salz und Pfeffer mischen. Tofuwürfel darin wenden. Chicoréeblätter vom Strunk lösen. Chilischote halbieren.

**2** Für die Tofu-Croûtons Tofuwürfel in 2 EL Rapsöl 10 Minuten von allen Seiten knusprig braten. Für die Chili-Garnelen Chilischote in 2 EL Rapsöl 3 Minuten braten. Garnelen zufügen, 1 Minute pro Seite braten. Mit Salz, Pfeffer und Zitronensaft würzen.

**3** Jeweils 1 Garnele, 1 Tomate und 1 Tofu-Croûton auf einen Zahnstocher aufreihen. Chicorée am Tellerrand verteilen und die Spieße in der Mittte anrichten.

## ✶ Chili-Crêpes mit Büffelmozzarella

1 frische rote Peperoni
8 getrocknete Tomaten in Öl
150 g Büffelmozzarella
1 große Hand voll Basilikum
4 EL frisch geriebener Parmesan
2 große Eier, 70 g Mehl
120 ml Milch, 1/2 TL Chilipulver
1/4 TL Salz, schwarzer Pfeffer
Rapsöl zum Braten

**1** Peperoni längs halbieren und entkernen und mit den Tomaten fein würfeln. Mozzarella klein würfeln. Basilikum in Streifchen schneiden. Parmesan vom Stück reiben.

**2** Chili-Crêpe-Teig: Eier in einer Schüssel mit dem Schneebesen aufschlagen. Mehl dazusieben und glatt rühren. Milch einrühren. Chilipulver, Peperoni, Salz und Pfeffer zufügen. 20 Minuten ruhen lassen.

**3** Rapsöl in einer beschichteten Pfanne erhitzen. 1 Schöpfkelle Crêpeteig zufügen und wenden. Mit Parmesan, Tomaten, Mozzarella und Basilikum bestreuen. Sobald der Mozzarella zu schmelzen beginnt, Crêpe umklappen, sofort servieren!

## ✶ Hausgemachter Feta-Dip

200 g Feta (aus Ziegenmilch)
6 getrocknete Tomaten in Öl
6 Kalamata Oliven
8 Stängel Koriandergrün
2 EL Olivenöl
1 EL griechischer Joghurt
1/4 TL schwarzer Pfeffer
2 Scheiben Vollkornbrot

**1** Feta aus der Packung nehmen und grob zerkleinern. Die getrockneten Tomaten ebenfalls grob würfeln. Oliven entsteinen und fein hacken. Koriandergrün waschen, trockenschütteln und fein hacken.

**2** Für den Feta-Dip Feta, Olivenöl, griechischen Joghurt, Tomaten und schwarzen Pfeffer in ein hohes Gefäß füllen. Mit dem Stabmixer cremig pürieren.

**3** Feta-Dip auf Vollkornbrot mit Oliven und Koriandergrün genießen.

**Spicy Tipp**

**Mit Gurken oder Tomatenscheibchen garniert schmeckt der Dip großartig!**

## ✶ Heidelbeereis mit Ahornsirup und Zimt

6 frische Minzeblätter
1 TL Zitronensaft
160 g TK-Heidelbeeren
4 EL Mascarpone, ungesüßt
3 EL Ahornsirup
$^1/_4$ TL gem. Zimt
1 Msp. gem. Koriander

**1** Dessertschalen 10 Minuten in die Gefriertruhe stellen. Minze waschen und mit Küchenpapier trockentupfen. Zitrone auspressen.

**2** Heidelbeeren tiefgefroren in einen starken Mixer füllen (etwa 800 Watt). Mascarpone, Ahornsirup, Zimt, Koriander und Zitronensaft zufügen. Jetzt solange pürieren, bis ein cremiges Softeis entstanden ist.

**3** Das Heidelbeereis in die vorgekühlten Schälchen löffeln und mit Minzeblättern garnieren. Schnell essen, bevor es schmilzt.

## ✶ Erdbeer-Blutorangen-Saft

500 g reife Erdbeeren
4 Blutorangen
einige Spritzer Limettensaft
1 EL frisch geriebener Ingwer
1 Stängel frische Minze

**1** Die Erdbeeren in einem Sieb kalt abspülen. Dann den Blütenansatz entfernen. Die Blutorangen auspressen und die Limette halbieren. Ingwer schälen und sehr fein reiben. Die Minzeblättchen vom Zweig zupfen.

**2** Für den Fruchtsaft: Erdbeeren und Ingwer in ein hohes Gefäß geben und mit dem Stabmixer cremig aufmixen. Dann den Blutorangensaft hinzufügen und nochmals pürieren. Den fertigen Erdbeer-Blutorangen-Saft mit einigen Spritzern Limettensaft abschmecken. Anschließend in zwei Gläser füllen. Mit Minzeblättern garnieren.

## ✶✶ Mango-Peperoni-Shake

1 kleine reife Mango
1 frische rote Peperoni
2–3 Orangen
1 EL frisch geriebener Ingwer
2 Naturjoghurt (à 150 g), 3,8 %
2–3 EL Limettensaft

**1** Die Mango schälen, das Fruchtfleisch vom Kern schneiden und grob zerkleinern. Peperoni längs halbieren, entkernen und fein würfeln. Orangen auspressen. Geschälten Ingwer fein reiben.

**2** Mangostücke, Ingwer und 1 Joghurt in einem hohen Gefäß mit dem Stabmixer cremig aufmixen. Dann den zweiten Joghurt, Peperoni und den Orangensaft hinzufügen. Abermals auf höchster Stufe aufmixen. Mit Limettensaft abschmecken.

# Sattmacher Salate

*Bunte Salate, angemacht mit scharfen Vinaigrettes oder feurigen Salsas. Das Ergebnis ist schön knackig, hat Pep und Biss und bringt Ihr Lebensgefühl garantiert auf Touren.*

## ✶✶ Räucherlachs mit Gurken-Minze-Salsa

1 Mini-Salatgurke (ca. 200 g)
1 Lauchzwiebel
12 frische rote Minzeblätter
1 Limette, 2 EL Olivenöl
Meersalz, schwarzer Pfeffer
1/2 TL frisch geriebener Ingwer
3 EL Naturjoghurt, 3,8 %
1 EL scharfer Meerrettich
(aus dem Glas)
60 g Eichblatt-Salat, 1 Tomate
200 g Räucherlachs

**1** Für die Gurken-Minze-Salsa Gurke längs halbieren, entkernen, fein würfeln. Lauchzwiebel putzen, in Röllchen schneiden. Minze fein hacken. Alles in einer Schüssel mit 2 EL Limettensaft und Olivenöl mischen, salzen, pfeffern, 5 Minuten ziehen lassen.

**2** Für den Meerrettich-Dip den geschälten Ingwer fein reiben. In einem Schälchen mit Joghurt, Meerrettich, etwas Salz und Pfeffer verrühren.

**3** Salat waschen, verlesen, trockenschleudern. Tomate entkernen, in Spalten schneiden und auf zwei Teller verteilen. Lachs dazu legen. Gurken-Minze-Salsa in die Mitte setzen. Den Salat mit dem Meerrettich-Ingwer-Joghurt anrichten.

## ✶✶ Karibischer Fruchtsalat mit Garnelen

1 Orange, 1 Limette
1 TL frisch geriebener Ingwer
1 Msp. Chilipulver
2 EL Walnussöl
Salz, schwarzer Pfeffer
1 frische rote Peperoni
je 1 kleine Mango, Papaya
1 Frühlingszwiebel
200 g Riesengarnelen, geschält, roh
2 EL Olivenöl

**1** Für die Orangen-Vinaigrette die Orange und die Limette auspressen. Geschälten Ingwer fein reiben. In einer Schüssel Orangen- und 2 EL Limettensaft, Ingwer, Chilipulver, Walnussöl, Salz und Pfeffer cremig schlagen.

**2** Peperoni entkernen. Mango schälen, Fruchtfleisch vom Kern entfernen. Papaya halbieren, Kerne herauslösen, schälen, alles in feine Streifchen schneiden. Mit der Orangen-Vinaigrette in der Schüssel mischen. 10 Minuten marinieren.

**3** Frühlingszwiebel putzen und in Röllchen schneiden. Garnelen in Olivenöl 1 Minute pro Seite scharf braten. Salz, Pfeffer und etwas Limettensaft darüber geben. Den Salat mit Garnelen und Frühlingszwiebeln garniert servieren.

## ✶ Scharfer Linsensalat mit Spinat

140 g Bio-Tellerlinsen
60 g Babyspinat
2 Tomaten,1 Lauchzwiebel
4 EL Olivenöl, 2 EL Rotweinessig
1 EL Zitronensaft
je 1/4 TL Chilipulver,
Salz, schwarzer Pfeffer
1 Prise Zucker
2 große sehr frische Eier
2 EL Essig

**1** Linsen weich köcheln. Spinat waschen und verlesen. Tomaten entkernen, klein würfeln. Geputzte Lauchzwiebel in Röllchen schneiden. Für die Vinaigrette das Olivenöl, Rotweinessig, Zitronensaft, Chilipulver, Salz, Pfeffer und Zucker mischen.

**2** Spinat in eine Salatschüssel geben. Linsen abseihen und noch heiß auf dem Spinat verteilen. Dressing, Tomaten und die Lauchzwiebel zufügen, mischen.

**3** Pochierte Eier: Je ein Ei in eine kleine Schale geben. Essigwasser zum Kochen bringen. Von der Herdplatte ziehen. Die Eier langsam hineingleiten lassen. Sobald die Eier an die Oberfläche steigen, sind sie fertig. Mit dem Salat servieren.

## ✶ Kichererbsensalat mit Walnussöl und Zimt

200 g getrocknete Kirchererbsen
3 EL Walnussöl, 2 EL Balsamico
Salz, schwarzer Pfeffer
1 Prise Zimt
1 frische grüne Peperoni
2 Frühlingszwiebeln, 2 Tomaten
10 Basilikumblätter
8 frische rote Minzeblätter
185 g Thunfisch, naturale
einige Spritzer Limettensaft

**1** Kichererbsen über Nacht mit Wasser bedecken. Einweichwasser wegschütten und in reichlich frischem Wasser etwa 40 Minuten weich köcheln. Abseihen und in eine Salatschüssel geben.

**2** Für die Vinaigrette Walnussöl, Balsamico, Salz, Pfeffer und Zimt cremig schlagen. Sofort über die Kichererbsen löffeln.

**3** Peperoni längs halbieren, entkernen und wie die geputzte Frühlingszwiebel in Ringe schneiden. Tomaten entkernen und in Spalten schneiden. Basilikum und Minzeblätter zupfen. Alles mit dem Thunfisch unter die Kichererbsen heben. Mit Limettensaft beträufelt genießen.

## ✶ Rohkostsalat mit Ingwer-Joghurt-Dressing

150 g Chinakohl
1 kleine Karotte
1 roter Chicorée
1/2 kleiner Fenchel
50 g Sprossenmix
3 EL Limettensaft
1 EL frisch geriebener Ingwer
150 g Naturjoghurt, 3,8 %
1 EL Olivenöl
1/2 TL Meersalz
1/2 TL schwarzer Pfeffer

**1** Chinakohlblätter ablösen und waschen. Karotte schälen und die Enden abschneiden. Vom Chicorée den Strunk entfernen, alles in feine Streifchen schneiden. Vom Fenchel das Grün entfernen, die Knolle mit dem Gurkenhobel fein reiben. Alles in eine große Salatschüssel geben, die Sprossen ebenso. Limette auspressen.

**2** Für das Joghurt-Dressing Ingwer schälen und fein reiben. Joghurt mit Olivenöl cremig aufschlagen. Mit Ingwer, Limettensaft, Salz und Pfeffer kräftig würzen. Das Dressing mit dem Salat in der Schüssel gut mischen.

## ✶✶ Tropensalat mit Kokos-Curry

200 g Weißkohl, 100 g Karotten
1 weiße Zwiebel
1 frische rote Peperoni
1 frische rote Chilischote
250 g frische Ananas
einige Stängel Koriandergrün und Minzeblätter
100 ml Kokosmilch, ungesüßt
2–3 EL Limettensaft
1–2 Msp. Chilipulver
1/4 TL Curry Madras
Salz, schwarzer Pfeffer

**1** Vom Kohl großzügig den Strunk und die äußeren Blätter entfernen. Kohlkopf quer zum Strunk in feine Streifchen schneiden. Karotten und Zwiebel schälen, Peperoni und Chilischote längs halbieren und entkernen. Ananas schälen, den Strunk herausschneiden, alles in feine Streifchen schneiden. Die Kräuter fein hacken.

**2** Für das Kokos-Curry-Dressing Kokosmilch, Limettensaft, Chilipulver, Curry Madras, Salz und Pfeffer verrühren. Anschließend über die restlichen Zutaten gießen und alles gut mischen.

## ✶ Artischocken mit Chili-Zimt-Walnussöl

1 Zitrone, 4–6 Artischocken
1 frische rote Peperoni
3 EL Walnussöl
2 EL weißer Balsamico
1/4 TL Cayennepfeffer
1 Prise Zimt
Salz, schwarzer Pfeffer
2–3 EL Olivenöl
60 g Serranoschinken

**1** Zitrone auspressen und Saft in ein hohes Gefäß mit 1/2 l Wasser geben. Artischocken quer halbieren, die äußeren Blätter abschneiden und den Stiel schälen. Artischocken vierteln und das Heu entfernen. Dann in Spalten schneiden und in das Zitronenwasser legen. Peperoni längs halbieren, entkernen und sehr fein würfeln.

**2** Für die Vinaigrette Walnussöl, Balsamico, Cayennepfeffer, Zimt, Salz und Pfeffer cremig schlagen und die Peperoniwürfel zufügen. Dann die Artischocken in Olivenöl einige Minuten hellbraun braten. Auf Teller verteilen, anschließend mit Vinaigrette belöffeln und den Serranoschinken dazusetzen.

## ✶✶✶ Süßkartoffel-Salat mit karibischer Salsa

400 g Süßkartoffeln mit rosa Fleisch
1 kleine rote Zwiebel
1 frische rote Peperoni
1 EL Limettensaft
3 EL Walnussöl
1 EL Rotweinessig
1 Msp. Chilipulver
Salz, schwarzer Pfeffer

**1** Süßkartoffeln schälen, bis das rosa Fleisch zum Vorschein kommt. Dann vierteln und in 3 mm dicke Stücke schneiden. Die Zwiebel schälen, die Peperoni längs halbieren und entkernen, beides sehr fein hacken. Limette auspressen.

**2** Für die karibische Salsa in einer kleinen Schale Walnussöl, Rotweinessig, Limettensaft, Chilipulver, Salz und Pfeffer cremig aufschlagen. Zwiebel und Peperoniwürfel zufügen.

**3** Süßkartoffel in 6 Minuten bissfest dämpfen. Nach etwa 4 Minuten die Garprobe machen! In eine Schüssel geben und sofort mit der Salsa begießen.

## ✶ Grüner Tomatensalat mit Peperoni-Zwiebel-Salsa

2 große grüne Tomaten
1 kleine rote Zwiebel
1 frische rote Peperoni
1 Knoblauchzehe
6 Basilikumblätter
3 EL Olivenöl
2 EL Balsamico
1 EL Zitronensaft
Salz, schwarzer Pfeffer
12 grüne Oliven

**1** Tomaten waschen und dünn in Scheibchen schneiden. Zwiebel schälen, Peperoni längs halbieren und entkernen, beides fein hacken. Knoblauch schälen. Basilikumblätter vom Stock zupfen.

**2** Für die Salsa: In einer kleinen Schale Olivenöl, Balsamico und Zitronensaft mischen. Zwiebel und Peperoni zufügen und den Knoblauch dazupressen, salzen, pfeffern. Anschließend 30 Minuten marinieren lassen.

**3** Zum Anrichten Tomatenscheiben und Oliven auf zwei Teller verteilen. Mit Salsa begießen und mit Basilikum garnieren.

## ** Kurkuma-Kartoffelsalat mit frischen Kräutern

400 g kleine Kartoffeln, fest kochend
1 Lauchzwiebel
1 frische rote Peperoni
je 2 EL gehackte Minze und Koriandergrün
1 EL frisch geriebener Ingwer
1 Limette, 3 EL Olivenöl
1 EL Gemüsebrühe
1 EL weißer Balsamico
Salz, schwarzer Pfeffer
1/2 TL Kurkuma

**1** Kartoffeln schälen, in Scheibchen schneiden. Geputzte Lauchzwiebel in Röllchen schneiden. Peperoni längs halbieren, entkernen und wie die Kräuter sehr fein hacken. Ingwer schälen und fein reiben. Limette auspressen.

**2** Für die Vinaigrette Olivenöl, Gemüsebrühe, Balsamico, Limettensaft und Peperoni in ein hohes Gefäß geben, kurz anpürieren. Kräuter zufügen, salzen und pfeffern.

**3** Kartoffeln in Salzwasser mit Kurkuma bissfest garen, abseihen. Sofort mit der Vinaigrette begießen und 20 Minuten ziehen lassen.

## ** Marinierter Gemüsesalat in Chili-Vinaigrette

1 gelbe Paprika, 300 g Zucchini
1 frische rote Peperoni
1 frische rote Chilischote
1 Knoblauchzehe
1 Frühlingszwiebel
100 g Feta (aus Schafmilch)
6 EL Olivenöl
2 EL weißer Balsamico
1 EL Zitronensaft
Salz, schwarzer Pfeffer
12 Kalamata Oliven
8 Basilikumblätter

**1** Paprika vierteln und entkernen, und wie die Zucchini klein würfeln. Peperoni und Chilischote entkernen, beides fein hacken. Knoblauch schälen. Frühlingszwiebel putzen und in Röllchen schneiden. Feta würfeln.

**2** Für die Chili-Vinaigrette 4 EL Olivenöl, 2 EL Balsamico, Zitronensaft, Chilischote, Peperoni, Salz und Pfeffer in einem hohen Gefäß kurz anmixen, Knoblauchzehe dazupressen.

**3** Paprika in 2 EL Olivenöl anbraten. Nach 2 Minuten die Zucchini zufügen, scharf bissfest anbraten. In eine Schüssel geben und noch heiß mit der Chili-Vinaigrette mischen. 30 Minuten marinieren. Mit Feta, Oliven und Basilikum servieren.

## ** Yellow Bohnensalat

4–6 frische rote Chilischoten
1 Schalotte
1 Knoblauchzehe
1/2 rote Zwiebel, 2 Tomaten
1 Kugel Büffelmozzarella (à 125 g)
1 TL Ingwer, 3 EL Olivenöl
2 EL weißer Balsamico
1 EL Limettensaft
je 1/2 TL Salz, schwarzer Pfeffer
1 Dose Weiße Riesenbohnen (Abtropfgewicht 240 g)
1/2 TL Kurkuma
12 grüne Oliven

**1** Chilischoten entkernen, Schalotte und Knoblauch schälen – alles fein würfeln. Rote Zwiebel abziehen, in dünne Ringe schneiden. Tomaten und Mozzarella 1 cm groß würfeln. Geschälten Ingwer fein reiben.

**2** Für die Chili-Vinaigrette: Olivenöl, Balsamico, Limettensaft, Chili, Knoblauch, Ingwer, Salz und Pfeffer in einem hohen Gefäß kurz mit dem Stabmixer aufmixen.

**3** Bohnen abspülen und in siedendem Wasser mit Kurkuma 2 Minuten blanchieren, abseihen. Mit der Vinaigrette vermischen, 1 Stunde marinieren lassen, dann die restlichen Zutaten und die Oliven zufügen.

# Power-Suppen: satt & glücklich

*Es gibt einfache Suppen und es gibt
Spicy-Power-Suppen: Die bringen Sie
wie Speedy Gonzales in Aktion.
Sie reißen nicht nur Bäume aus,
Sie machen ganze Nächte durch und sind
einfach total positiv gestimmt!*

## ✶✶ Safran-Chicken-Suppe mit Peperoni

**60 g Glasnudeln, 1 Schalotte**
**1 Knoblauchzehe**
**1 frische rote Peperoni**
**1 dünner Bund Schnittlauch**
**1 EL frisch geriebener Ingwer**
**2 EL Olivenöl, 3/4 l Geflügelbrühe**
**1 Hähnchenkeule**
**1 Lorbeerblatt**
**1 Döschen Safranpulver (0,1 g)**
**Salz, schwarzer Pfeffer**

**1** Glasnudeln 6 Minuten in heißem Wasser ziehen lassen, abseihen, zerkleinern. Schalotte und Knoblauch schälen, Peperoni entkernen, alles fein würfeln. Schnittlauch in Röllchen schneiden. Ingwer schälen und fein reiben.

**2** Schalotte, Knoblauch und Peperoni in Olivenöl anglasen. Geflügelbrühe, Hähnchenkeule, Ingwer und Lorbeer zufügen, 30 Minuten sanft köcheln lassen.

**3** Hähnchenkeule herausnehmen, das Fleisch klein schneiden und wieder in die Suppe geben. Glasnudeln und Safran zufügen, 3 Minuten köcheln, salzen, pfeffern. Mit Schnittlauch bestreut servieren.

## ✶✶✶ Hokkaido-Kürbis-Suppe mit Curry

**300 g Hokkaido Kürbis,**
**nur das Fleisch**
**1 kleine rote Zwiebel**
**2 Knoblauchzehen, 1 Karotte**
**1 frische rote Peperoni**
**4 EL Olivenöl**
**3/4 l Gemüsebrühe**
**1 TL frisch geriebener Ingwer**
**60 ml Kokosmilch, ungesüßt**
**je 1/2 TL Kurkuma, Curry Madras,**
**Chilipulver**
**Salz, schwarzer Pfeffer**
**etwas Zitronensaft**

**1** Kürbis in Spalten schneiden, ohne Kerne und Fasern klein würfeln. Zwiebel und Knoblauch schälen und fein würfeln. Karotte schälen, in Scheibchen schneiden. Peperoni der Länge nach halbieren, entkernen und fein würfeln.

**2** Zwiebel, Knoblauch, Peperoni und den Kürbis in Olivenöl sanft dünsten. Gemüsebrühe und geriebenen Ingwer zufügen. Sobald das Gemüse sehr weich ist, die Suppe mit dem Stabmixer cremig aufmixen. Mit Kokosmilch auffüllen und mit Kurkuma, Curry Madras, Chilipulver, Salz, Pfeffer und Zitronensaft würzen.

## ✶✶✶ Scharf-saure Garnelensuppe

**30 g Mu-Err-Pilze**
**1 Schalotte, 1 Knoblauchzehe**
**1 frische rote Peperoni**
**1 kleine rote Paprikaschote**
**1 Frühlingszwiebel**
**1 TL frisch geriebener Ingwer**
**3 EL Olivenöl**
**3/4 l Geflügelbrühe**
**8 geschälte Riesengarnelen**
**1 TL Austernsauce**
**1–2 EL Limettensaft**
**1 Prise Zucker**
**Meersalz, schwarzer Pfeffer**

**1** Pilze in heißem Wasser 20 Minuten einweichen. Schalotte und Knoblauch schälen, beides fein hacken. Peperoni und Paprika entkernen und fein würfeln. Frühlingszwiebel putzen, in Röllchen schneiden. Geschälten Ingwer fein reiben.

**2** Schalotte, Knoblauch und Peperoni in Olivenöl andünsten. Mit Brühe ablöschen, Ingwer und Mu-Err-Pilze zufügen. Sobald diese weich sind, die Garnelen folgen lassen. Mit Austernsauce, Limettensaft, Zucker, Salz und Pfeffer würzen. Die Suppe mit Frühlingszwiebeln bestreut servieren.

## ★★★ Papayasuppe mit Kokos

1 kleine Papaya (ca. 360 g)
1 weiße Zwiebel
2 Knoblauchzehen
1 frische rote Peperoni
1 frische rote Chilischote
1 TL frisch geriebener Ingwer
2 EL Rapsöl
1/2 l Gemüsebrühe
100 ml Kokosmilch, ungesüßt
1/4 TL Kurkuma
1–2 EL Limettensaft
Salz, weißer Pfeffer

**1** Papaya halbieren, die Kerne herauskratzen. Dann die Papaya schälen und grob würfeln. Zwiebel und Knoblauch schälen, Peperoni längs halbieren, entkernen, alles fein hacken. Chilischote halbieren. Ingwer schälen und fein reiben.

**2** Zwiebel, Knoblauch und Peperoni in Rapsöl hell andünsten. Mit Gemüsebrühe ablöschen und die Papaya zufügen. 5 Minuten köcheln, dann die Suppe mit dem Stabmixer cremig aufmixen. Kokosmilch angießen und die Chili einlegen. Mit Kurkuma, Salz, Pfeffer und Limettensaft würzen. 2 Minuten sanft köcheln.

## ★★★ Erbsensuppe mit Kokos

1 weiße Zwiebel
2 Knoblauchzehen
1 frische grüne Peperoni
1 frische rote Chilischote
12 rote Minzeblätter
2–3 EL Olivenöl
400 ml Gemüsebrühe
360 g TK-Erbsen
1/8 l Kokosmilch, ungesüßt
einige Spritzer Limettensaft
Meersalz
1/4 TL schwarzer Pfeffer

**1** Zwiebel und Knoblauch schälen, Peperoni entkernen, alles fein hacken. Chilischote längs einschneiden. Minzeblätter vom Stängel zupfen und grob zerkleinern.

**2** Zwiebel, Knoblauch und Peperoni in Olivenöl hell andünsten. Mit Gemüsebrühe ablöschen. Erbsen, Minze und Chilischote hinzufügen. Anschließend die Suppe 6 Minuten sanft köcheln lassen.

**3** Die Chilischote wieder herausfischen und die Suppe mit dem Stabmixer cremig aufmixen. Kokosmilch zufügen, mit Limettensaft, Salz und Pfeffer abschmecken.

## ★★★ Rote Paprika-Cremesuppe mit Ingwer

2 große rote Paprikaschoten
1 rote Zwiebel
4 Knoblauchzehen
1 Karotte
1 EL frisch geriebener Ingwer
1 frische rote Chilischote
1 dünner Bund Schnittlauch
4 EL Olivenöl
50 ml trockener Weißwein
3/4 l Gemüsebrühe
1/2 TL Kurkuma
Salz, schwarzer Pfeffer
Parmesan

**1** Paprika entkernen und grob zerkleinern. Zwiebel, Knoblauch und Karotte schälen, alles klein würfeln. Geschälten Ingwer fein reiben. Chilischote halbieren. Schnittlauch in Röllchen schneiden.

**2** Gemüse in 2 EL Olivenöl anglasen. Weißwein zufügen, eindampfen lassen, Gemüsebrühe zugießen, Chilischote einlegen. Mit Ingwer und Kurkuma würzen, salzen und pfeffern. Sobald die Paprika sehr weich ist, Chilischote herausfischen und die Suppe mit dem Stabmixer cremig aufmixen.

**3** Mit Parmesanschnitzen belegen und kreisrund mit je 1 TL Olivenöl beträufeln. Schnittlauch darüberstreuen.

## ✶✶✶ Gelbe Paprika-Cremesuppe

1 Hand voll Thymianzweige
Salz, weißer Pfeffer
5 EL Olivenöl
einige Spritzer Zitronensaft
2 gelbe Paprikaschoten
1 frische gelbe Peperoni
2 Knoblauchzehen
1 weiße Zwiebel
1 TL frisch geriebener Galgant
1/4 TL frisch geriebene Kurkuma
3/4 l Gemüsebrühe

**1** Für das Thymian-Würzöl die Thymianblättchen, Salz und Pfeffer mit 3 EL Olivenöl und einigen Spritzern Zitronensaft im Mörser zerstoßen.

**2** Für die Suppe Paprika und Peperoni entkernen, Knoblauch und Zwiebel schälen, alles fein würfeln. Geschälte Galgant- und Kurkumawurzel fein reiben.

**3** Knoblauch, Zwiebel, Peperoni und Paprika in 2 EL Olivenöl hell andünsten. Gemüsebrühe zufügen. Sobald das Gemüse sehr weich ist, die Suppe cremig aufmixen. Mit Kurkuma, Galgant, Salz, Pfeffer und Zitronensaft würzen und die Suppe mit dem Thymianöl beträufelt servieren.

## ✶✶✶ Süßkartoffelsuppe mit Kokos

1 kleine rote Zwiebel
1 frische rote Peperoni
2 Knoblauchzehen
1 TL frisch geriebener Ingwer
500 g Süßkartoffeln mit rosa Fleisch
2 EL Olivenöl
100 ml trockener Weißwein
1/2 l Gemüsebrühe
100 ml Kokosmilch, ungesüßt
1/2 TL Kurkuma, 1/4 TL Chilipulver
einige Spritzer Zitronensaft

**1** Zwiebel schälen, Peperoni längs halbieren, entkernen, Knoblauch schälen, alles fein hacken. Ingwer schälen und fein reiben. Geschälte Süßkartoffel grob würfeln.

**2** Zwiebel, Knoblauch und Peperoni in Olivenöl hell andünsten. Süßkartoffelwürfel zufügen. Mit Weißwein ablöschen, kurz einziehen lassen. Mit Gemüsebrühe auffüllen, Ingwer hinzufügen.

**3** Sobald die Süßkartoffelwürfel sehr weich sind, mit dem Stabmixer cremig aufmixen. Mit Kokosmilch, Kurkuma und Chilipulver würzen. Mit Zitronensaft den Geschmack beleben.

## ✶✶ Karottensuppe mit Mango

300 g Bio-Karotten
1 kleine rote Zwiebel
1 Knoblauchzehe
1 frische rote Peperoni
120 g Süßkartoffeln mit rosa Fleisch
1 TL frisch geriebener Galgant
1/4 TL frisch geriebene Kurkuma
2 Scheiben Mango
2 EL Olivenöl
3/4 l Gemüsebrühe
60 ml Kokosmilch, ungesüßt
Salz, weißer Pfeffer
einige Spritzer Zitronensaft

**1** Karotten schälen und in Scheibchen schneiden. Zwiebel und Knoblauch schälen, Peperoni entkernen, alles fein hacken. Süßkartoffeln schälen und klein würfeln. Galgant und Kurkuma schälen und sehr fein reiben. Mango schälen und in Streifen schneiden.

**2** Zwiebel und Knoblauch in Olivenöl andünsten. Karotten, Süßkartoffeln und Gemüsebrühe zufügen. Sobald das Gemüse sehr weich ist, die Suppe cremig pürieren. Mit Kokosmilch, Galgant, Kurkuma, Salz und Pfeffer würzen. Mit Zitronensaft abrunden und mit den Mangostreifen garnieren.

## ** Gelbe Linsensuppe mit Shiitake

160 g gelbe Linsen, geschält
12 getrocknete Shiitake-Pilze
1 Schalotte, 2 Knoblauchzehen
1 frische rote Peperoni
1 TL frisch geriebener Ingwer
3 EL Olivenöl
50 ml trockener Weißwein
3/4 l Gemüsebrühe
1–2 TL helle Sojasauce
Salz, schwarzer Pfeffer
2 TL Speiseleinöl

**1** Linsen waschen, bis das Wasser klar ist. Shiitake 30 Minuten in heißem Wasser einweichen, Stängel entfernen, Pilzkappen in feine Streifchen schneiden. Schalotte und Knoblauch schälen, beides fein hacken. Peperoni in Streifchen schneiden. Geschälten Ingwer fein reiben.

**2** Knoblauch, Schalotte, Peperoni und Shiitake in Olivenöl andünsten. Weißwein, Gemüsebrühe und die Linsen zufügen. Sobald die Linsen weich sind mit Ingwer, Sojasauce, Salz und Pfeffer würzen. Die Suppe in den Tellern mit je 1 TL Speiseleinöl beträufeln.

## *** Kichererbsensuppe »arabisch«

200 g getrocknete Kirchererbsen
1 Schalotte, 2 Knoblauchzehen
1 Petersilienwurzel (ca. 60 g)
1–2 EL frisch geriebener Galgant
1 frische rote Chilischote
4 EL Olivenöl
100 ml trockener Weißwein
3/4 l Gemüsebrühe
1/2 TL gem. Koriander
1 Msp. Kreuzkümmel
Salz, schwarzer Pfeffer

**1** Kichererbsen über Nacht mit Wasser bedecken. Einweichwasser wegschütten. Kichererbsen mit viel frischem Wasser 40 bis 50 Minuten köcheln lassen, abseihen.

**2** Schalotte, Knoblauch und Petersilienwurzel schälen, alles fein würfeln. Galgant schälen und fein reiben. Die Chilischote halbieren.

**3** Chilischote in Olivenöl anbraten, bis das Öl scharf ist, dann entfernen. Schalotte, Knoblauch und Petersilienwurzel weich andünsten. Kichererbsen, Weißwein und Gemüsebrühe zufügen, mit Koriander, Kreuzkümmel, Galgant, Salz und Pfeffer würzen.

## ** Kokos-Hähnchen-Suppe mit Curry

2 Hähnchenkeulen, 1 weiße Zwiebel
4 Knoblauchzehen
3 cm Ingwerwurzel
1 frische rote Peperoni
1 unbehandelte Limette
8 Stängel Koriandergrün
3/4 l kräftige Gemüsebrühe
1–2 getrocknete Chilischoten
100 ml Kokosmilch, ungesüßt
1 TL Curry Madras
1 Prise Zucker, Salz, Pfeffer

**1** Hähnchen abspülen. Zwiebel, Knoblauch und Ingwer grob würfeln. Peperoni entkernen, in dünne Streifchen schneiden. 1 TL Limettenabrieb abreiben, Limette auspressen. Koriander fein hacken.

**2** Gemüsebrühe mit Zwiebel, Knoblauch, Ingwer und Chilischoten 5 Minuten aufkochen. Temperatur reduzieren. Hähnchen in der Brühe 30 Minuten köcheln.

**3** Hähnchen herausholen, das Fleisch vom Knochen schneiden. Suppe durch ein Sieb gießen, Hähnchen wieder in die Suppe geben. Mit Kokosmilch, Curry Madras, Limettenabrieb, einigen Spritzern Limettensaft, Zucker, Salz und Pfeffer würzen. Mit Peperoni und Koriander garniert servieren.

# Fleisch & Geflügel:

# alles, was pickt, fliegt und rennt

*Sollte Ihnen ein scharfes Huhn auf dem Teller begegnen, dann ist es garantiert spicy. Die Schweinelende mit kubanischer Mojo lässt Sie Feuriges erahnen: faszinierende Aromen & Gewürze. Mit diesen Gerichten werden Ihre Feste zur echten Sensation für die Gäste.*

## ✶✶ Maishähnchen mit Grapefruit-Sauce

Salz, 2 TL Ingwerpulver
2 Maishähnchenbrüste mit Haut
1 rote Grapefruit, 1 große Karotte
1 große rote Zwiebel
1 rote Spitzpaprika
1 frische rote Peperoni
1 TL frisch geriebener Ingwer
1/4 TL weißer Pfeffer
2–4 EL Olivenöl
einige Spritzer Zitronensaft

**1** Zuerst 1/2 TL Salz und das Ingwerpulver mischen. Hähnchen abspülen, trockentupfen, die Haut mit der Mischung einreiben. Grapefruit auspressen. Karotte und Zwiebel schälen. Spitzpaprika und Peperoni längs halbieren, entkernen und alles in feine Streifchen schneiden. Ingwer schälen und fein reiben.

**2** Ofen auf 220 Grad vorheizen. In eine Auflaufform (24 x 24 cm) den Grapefruitsaft und das Gemüse geben. Mit geriebenem Ingwer, Salz und Pfeffer würzen. Maishähnchen darauf setzen, mit reichlich Olivenöl und einigen Spritzern Zitronensaft beträufeln. Jetzt für ca. 30 Minuten auf der mittleren Einschubleiste im Ofen garen. Bei Bedarf die Sauce zusätzlich mit Chilipulver schärfen.

## ✶✶✶ Chili con Carne mit Kichererbsen

1 kleine Dose Kichererbsen, (Abtropfgewicht 240 g)
4 Knoblauchzehen
1 rote Zwiebel
1 frische rote Peperoni
1 TL frisch geriebener Ingwer
1 frische rote Chilischote
10 Stängel Koriandergrün
4 EL Olivenöl
200 g Lammhackfleisch
je 1/4 TL Kreuzkümmel, Koriander
1 Prise Zimt
Salz, schwarzer Pfeffer
1 TL gekörnte Gemüsebrühe
1 kleine Dose geschälte Tomaten (Abtropfgewicht 240 g)

**1** Kichererbsen mit heißem Wasser abspülen. Knoblauch und Zwiebel schälen, Peperoni entkernen, alles fein hacken. Ingwer schälen und fein reiben. Chilischote halbieren, das Koriandergrün sehr fein hacken.

**2** Chilischote in Olivenöl anbraten, bis das Öl geschärft ist. Zwiebel, Peperoni und Knoblauch hell andünsten, das Hackfleisch zufügen und scharf anbraten. Mit Kreuzkümmel, gemahlenem Koriander, Zimt, Salz, Pfeffer und Gemüsebrühe würzen. Inhalt der Tomatendose zufügen, 10 Minuten später die Kichererbsen. Mit Koriander bestreut servieren.

## ✶✶✶ Hähnchen in scharfer Kokosmilch

2 Hähnchenbrustfilets
1 frische rote Peperoni
1 Knoblauchzehe
1 TL frisch geriebener Ingwer
1 Limette, 12 Minzeblättchen
160 ml Kokosmilch, ungesüßt
1 Prise Zucker, 1/2 TL gem. Kurkuma
1/4–1/2 TL Chilipulver
Salz, schwarzer Pfeffer
2 EL Olivenöl

**1** Hähnchen waschen, trockentupfen und 2 cm groß würfeln. Peperoni entkernen, Knoblauch schälen, beides grob zerkleinern. Ingwer schälen und fein reiben. Limette auspressen. Minze zupfen. Den Ofen auf 220 Grad vorheizen.

**2** Für die scharfe Kokosmilch Peperoni, Knoblauch, Ingwer, Limettensaft, Minze, Kokosmilch, Zucker, Kurkuma und Chilipulver in ein hohes Gefäß geben. Mit dem Stabmixer kurz anmixen. Mit Salz und Pfeffer abschmecken.

**3** Gewürzte Kokosmilch in eine Auflaufform (24 x 24 cm) gießen. Hähnchenwürfel darauf verteilen, diese mit Öl beträufeln. Auflaufform für ca. 15 Minuten auf der mittleren Schiene bei 220 Grad in den Ofen schieben.

## ✶ Lammsteak mit Minz-Koriander-Salsa

2 Lammsteaks (à 180 g)
je 2 EL gehackte frische Minze und Koriandergrün
1 frische grüne Peperoni
1 EL frisch geriebener Ingwer
1 Knoblauchzehe
2 Limetten, 5 EL Olivenöl
je ¹/₄ TL gem. Kreuzkümmel und gem. Koriander
Salz, schwarzer Pfeffer

**1** Lammsteaks kalt abspülen und trockentupfen. Kräuter waschen, trockenschütteln und sehr fein hacken. Peperoni längs halbieren, entkernen und fein würfeln. Ingwer schälen und fein reiben. Knoblauch schälen, Limetten auspressen.

**2** Für die Salsa 3 EL Olivenöl, Limettensaft, Peperoni, Ingwer, Kreuzkümmel, gemahlenen Koriander, die Kräuter, Salz und Pfeffer mischen. Die Knoblauchzehe dazupressen und 30 Minuten ziehen lassen.

**3** Peperoni in 2 EL Olivenöl anbraten, bis das Öl geschärft ist, wieder herausfischen. Die Lammsteaks pro Seite 2 bis 3 Minuten braten. Mit gemahlenem Koriander, Salz und Pfeffer würzen und mit der Salsa servieren.

## ✶✶ Chicken in Curry-Kokos-Sauce

4 Hähnchenbrustfilets
200 g frische Ananas
1 Schalotte, 1 Knoblauchzehe
1 Petersilienwurzel (ca. 60 g)
1 TL frisch geriebener Ingwer
1 frische rote Chilischote
4 EL Olivenöl
300 ml Gemüsebrühe
3 EL Kokosmilch, ungesüßt
1 TL Curry Madras
Salz, schwarzer Pfeffer
einige Spritzer Zitronensaft

**1** Hähnchen abspülen, trockentupfen. Geschälte Ananas 1 cm groß würfeln. Schalotte, Knoblauch und Petersilienwurzel schälen, alles fein würfeln. Ingwer schälen, fein reiben. Chilischote halbieren.

**2** Curry-Kokos-Sauce: Schalotte, Knoblauch und Petersilienwurzel in 2 EL Olivenöl hell andünsten. Gemüsebrühe, Ingwer und Chilischote zufügen. Sobald das Gemüse weich ist, die Schote entfernen und die Sauce cremig aufmixen. Mit Kokosmilch, Curry Madras, Salz und Pfeffer würzen.

**3** Eine Grillpfanne trocken erhitzen, 2 EL Olivenöl hineingeben, Hähnchen beidseitig 2 bis 3 Minuten scharf braten. Mit Salz, Pfeffer und Zitronensaft abrunden. Auf der Curry-Sauce mit Ananas anrichten.

## ✶✶ Roastbeef mit Linsen-Vinaigrette

100 g Bio-Tellerlinsen
1 Frühlingszwiebel
1 frische rote Chilischote
¹/₄ TL frisch geriebener Ingwer
je 1 EL Walnussöl und Olivenöl
1 EL Balsamico
Salz, schwarzer Pfeffer
8 Scheiben Roastbeef, hauchdünn aufgeschnitten

**1** Linsen 20 Minuten einweichen. Danach in reichlich frischem Wasser etwa 30 Minuten weich köcheln, abseihen und in eine Schüssel füllen. Frühlingszwiebel schräg in Röllchen schneiden. Chilischote entkernen und klein schneiden, Ingwer schälen und fein reiben.

**2** Für die Vinaigrette: Walnussöl, Olivenöl, ~~Balsamico~~, Chilischote und Ingwer in ein hohes Gefäß geben. Mit dem Stabmixer einmal kurz anmixen, salzen, pfeffern und mit den Linsen in der Schüssel mischen.

**3** Je vier Roastbeefscheiben auf zwei Teller verteilen und die Linsen-Chili-Vinaigrette in die Mitte setzen. Mit Frühlingszwiebeln bestreut genießen.

## ✶✶ Putenragout mit Zimt und Kreuzkümmel

400 g Putenfiletgulasch
2 EL dunkle Sojasauce
4 Knoblauchzehen
1 rote Zwiebel
1 Stange Staudensellerie
1 frische rote Peperoni
1 rote Spitzpaprika
4 EL Olivenöl
1/2 TL Chilipulver, 1/4 TL Salz
1/4 TL schwarzer Pfeffer
1 TL Tomatenmark
3/4 l kräftige Geflügelbrühe
1 Msp. Zimt
1/4–1/2 TL gem. Kreuzkümmel
400 g Fasssauerkraut

**1** Putengulasch mit 2 EL Sojasauce mischen, 10 Minuten marinieren. Knoblauch und Zwiebel schälen, Staudensellerie putzen, Peperoni entkernen, alles fein würfeln. Spitzpaprika entkernen und in 1 cm große Würfel schneiden.

**2** In einer großen Pfanne in 2 EL Olivenöl Staudensellerie, Peperoni und Zwiebel hell andünsten. Gemüse an den Pfannenrand schieben. Restliches Olivenöl zufügen und die Putenwürfel scharf anbraten. Mit Chilipulver, etwas Sojasauce, Salz und Pfeffer würzen. Tomatenmark, Geflügelbrühe, Zimt und Kreuzkümmel zufügen, 5 Minuten köcheln lassen.

**3** Putenragout an den Pfannenrand schieben. Paprika und Sauerkraut, gut abgetropft, mit der Sauce mischen. Jetzt 10 bis 15 Minuten köcheln und abschmecken.

### Spicy Info

**Kümmel oder Kreuzkümmel?**
Kreuzkümmel, auch Kumin genannt, kommt aus Asien und ist nur sehr fern mit unserem nordeuropäischen Kümmel verwandt. Er gibt Chilipulver und Garam Masala einen bitterscharfen exotischen Geschmack.

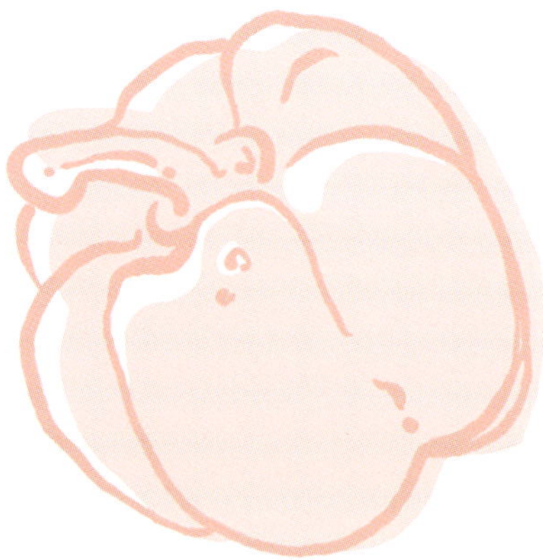

## ✶✶ Kaninchenfilet mit Galgant-Sauce

2 Kaninchenfilets (à 120 g)
1 Petersilienwurzel (ca. 60 g)
1 weiße Zwiebel
2 Knoblauchzehen
je 1/2 TL frisch geriebener Ingwer und Galgant
1 frische rote Chilischote
5 EL Olivenöl
200 ml Geflügelbrühe
Salz, schwarzer Pfeffer
einige Spritzer Zitronensaft

**1** Kaninchenfilets abspülen, trockentupfen. Petersilienwurzel, Zwiebel und Knoblauch schälen, alles fein hacken. Ingwer und Galgant fein reiben. Die Chilischote halbieren.

**2** Das Gemüse in 3 EL Olivenöl hell andünsten. Brühe und Chilischote zufügen. Sobald das Gemüse butterweich ist, die Chilischote entfernen und die Sauce mit dem Stabmixer cremig aufmixen. Sollte die Sauce zu dickflüssig sein, einfach Brühe zufügen. Mit Salz, Pfeffer und Zitronensaft würzen.

**3** Eine Grillpfanne trocken erhitzen. 2 EL Olivenöl hineingeben und die Kaninchenfilets 3 Minuten pro Seite scharf anbraten. Vorsichtig salzen und pfeffern.

## ** Ofenhähnchen mit Chili-Linsen

160 g Bio-Tellerlinsen
2 Maishähnchenbrüste mit Haut
Salz, 1/2 TL Ingwerpulver
2 rote Zwiebeln
3 Knoblauchzehen
1 Petersilienwurzel (ca. 60 g)
1 frische rote Peperoni
1 EL frisch geriebener Ingwer
450 ml Geflügelbrühe
1 EL Tomatenmark
1 EL dunkle Sojasauce
schwarzer Pfeffer
2–4 EL Olivenöl
1/4 TL gem. Koriander
1 Prise Zimt
einige Spritzer Zitronensaft

**1** Die Linsen 20 Minuten einweichen und abseihen. Hähnchen kalt abspülen und trockentupfen. Mit Salz und Ingwerpulver würzen. Zwiebeln, Knoblauch und Petersilienwurzel schälen, Peperoni längs halbieren, entkernen, alles fein würfeln. Ingwer schälen und fein reiben. Ofen auf 220 Grad vorheizen.

**2** Linsen, Zwiebel, Knoblauch und Petersilienwurzel in eine Auflaufform (24 x 24 cm) füllen. Geflügelbrühe, Tomatenmark, Ingwer, Sojasauce, Salz und Pfeffer zufügen. Auf der mittleren Schiene 10 Minuten in den Ofen schieben. Hähnchenteile auf die Linsen setzen, diese mit Olivenöl beträufeln. Dann ca. 30 Minuten im Ofen garen, bis die Linsen weich sind. Bei Bedarf etwas Brühe nachgießen. Das fertige Gericht mit gemahlenem Koriander, Zimt und Zitronensaft abschmecken.

### Spicy Info

**Linsen sind echte Schlank-Booster! Sie füllen den Magen und machen schnell satt. Warum? Sie haben einen hohen Anteil an Low-Fett-Proteinen (pro 100 g ca. 23 g Eiweiß). Er kann nur noch von Soja übertroffen werden.**

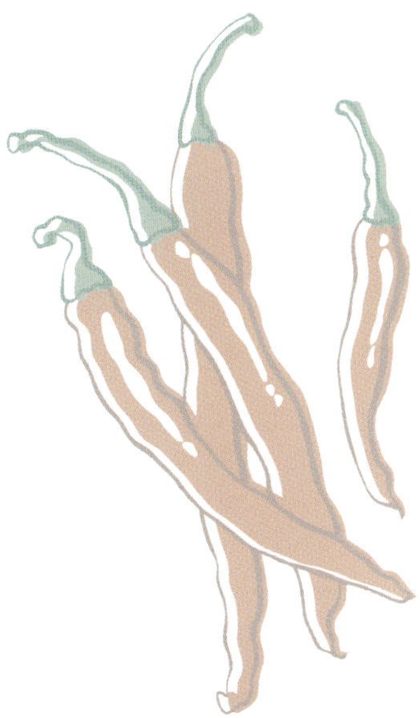

## *** Curry-Chicken mit Champignons

200 g Hähnchengeschnetzeltes
2 EL dunkle Sojasauce
300 g kleine Champignons
2 frische rote Peperoni
2 Knoblauchzehen
10 Stängel Koriandergrün
1 EL frisch geriebener Ingwer
3 TL Mandeln, gehobelt
4 EL Olivenöl
1 TL gem. Kurkuma
1 TL gem. Kreuzkümmel
je 1/4 TL Salz, schwarzer Pfeffer
50 ml Gemüsebrühe
einige Spritzer Limettensaft

**1** Hähnchen mit Sojasauce mischen, 10 Minuten marinieren. Champignons trocken putzen, Stielenden entfernen. Peperoni schräg in dünne Ringe schneiden. Knoblauch schälen, Koriander waschen, beides fein hacken. Ingwer schälen, fein reiben.

**2** Mandeln in 2 EL Olivenöl anbräunen. Peperoni, Knoblauch und Ingwer 4 Minuten braten. Kurkuma, Kreuzkümmel und Hähnchen zufügen. 3 Minuten unter Rühren anbraten, salzen, pfeffern. Champignons folgen lassen. Brühe zugießen. Sobald die Pilze bissfest sind, Limettensaft und Koriandergrün darüber geben.

## ✶✶ Entenbrust mit Grapefruit-Salsa

**1 Barbarie-Flugentenbrust**
**1 frische rote Peperoni**
**1 TL frisch geriebener Ingwer**
**1 Frühlingszwiebel**
**80 g Baby-Spinat**
**1 kleine Grapefruit**
**2–3 EL Olivenöl, 1 EL Walnussöl**
**1/4–1/2 TL Chilipulver**
**1/2 TL Austernsauce**
**Salz, schwarzer Pfeffer**
**einige Spritzer Zitronensaft**

**1** Von der Flugentenbrust die Fettschicht entfernen. Peperoni entkernen, fein würfeln. Ingwer schälen, fein reiben. Frühlingszwiebel putzen, in Röllchen schneiden. Spinat waschen, verlesen und trockenschleudern. Grapefruit auspressen.

**2** Ofen auf 180 Grad vorheizen. Etwas Olivenöl in einer feuerfesten Form verreiben, die Flugente einlegen. Mit Olivenöl beträufelt etwa 25 Minuten im Ofen rosa garen. Dann 6 Minuten ruhen lassen.

**3** Für die Salsa 1 EL Olivenöl, Walnussöl, Grapefruitsaft, Ingwer, Chilipulver, Austernsauce, Salz, Pfeffer, einige Spritzer Zitronensaft mischen. Spinat und Entenbrust in dünnen Scheibchen auf 2 Teller verteilen, mit Salsa begießen und mit Frühlingszwiebel bestreuen.

## ✶✶ Spicys Wokgericht

**140 g Hähnchenbrustfilet**
**20 g Mu-Err-Pilze**
**1 rote Paprikaschote**
**1 frische rote Peperoni**
**3 cm frischer Ingwer**
**2 EL Rapsöl**
**1 EL helles Sesamöl**
**einige Spritzer Sojasauce**
**Salz, schwarzer Pfeffer**

**1** Hähnchenbrust kalt abspülen, in dünne Scheibchen schneiden. Mu-Err-Pilze in heißem Wasser 30 Minuten quellen lassen. Paprika entkernen und in Streifchen, die Peperoni schräg in dünne Ringe schneiden. Ingwer schälen und fein stifteln.

**2** Den Wok erhitzen und das Rapsöl hinzufügen. Zuerst kurz den Ingwer und die Peperoni, dann das Hähnchenfleisch 2 bis 3 Minuten unter ständigem Rühren anbraten – alles herausholen. Jetzt das restliche Gemüse folgen lassen. 3 bis 4 Minuten unter Rühren scharf braten.

**3** Die restlichen Zutaten wieder dazugeben. Zum Schluss mit Sesamöl, Sojasauce, Salz und Pfeffer den Geschmack boostern.

## ✶✶ Schweinekotelett mit Fenchel und Kümmel

**2 Schweinekoteletts (à 140 g)**
**etwas Zitronensaft**
**1 Fenchelknolle, 1 weiße Zwiebel**
**2 frische rote Peperoni**
**2 Knoblauchzehen**
**1 TL frisch geriebener Ingwer**
**4 EL Olivenöl**
**1 kleine Dose Pizzatomaten (Abtropfgewicht 240 g)**
**je 1/2 TL gem. Fenchel, schwarzer Pfeffer, gekörnte Gemüsebrühe**
**1 TL Kümmel**
**1/4 TL Salz**

**1** Koteletts kalt abspülen, trockentupfen und mit Zitronensaft beträufeln. Fenchel mit dem Gurkenhobel fein reiben. Zwiebel schälen, halbieren und in Scheibchen schneiden. Peperoni schräg in Ringe schneiden. Knoblauch schälen, fein hacken. Geschälten Ingwer fein reiben.

**2** In einem Topf Olivenöl erwärmen. Peperoni 4 Minuten sanft darin dünsten. Knoblauch, Zwiebel und Fenchel folgen lassen. Mit dem Inhalt der Tomatendose ablöschen und alle Gewürze zufügen. Jetzt 2 Minuten köcheln lassen. Das Fleisch einlegen und 10 bis 15 Minuten gar ziehen lassen.

## ✶✶ Lamm mit Chili-Aprikosen

**6 EL Olivenöl, 1 EL Zitronensaft**
**1 TL Chilipulver,**
**1/2 TL schwarzer Pfeffer**
**8 Knoblauchzehen**
**600 g Lammschulter mit Haut**
**3 Schalotten**
**2 frische rote Peperoni**
**8 Stängel Koriandergrün**
**1 EL frisch geriebener Ingwer**
**6 reife Aprikosen**
**1/2 l Gemüsebrühe**
**1/2 TL Tomatenmark**
**je 1 Msp. gem. Kreuzkümmel,**
**Garam Masala, gem. Koriander**
**Salz**

**1** Für die Marinade 6 EL Olivenöl, Zitronensaft, 1/2 TL Chilipulver und 1/4 TL Pfeffer mischen. 3 Knoblauchzehen schälen und dazupressen. Das Lamm kalt abspülen, trockentupfen, mit Marinade begießen und über Nacht in den Kühlschrank stellen.

**2** Ofen auf 220 Grad vorheizen. Schalotten schälen und halbieren. Peperoni längs halbieren, entkernen und fein würfeln. Koriander fein hacken. Geschälten Ingwer fein reiben. Aprikosen halbieren und entsteinen.

**3** Eine Auflaufform (24 x 24 cm) mit 1/2 l Gemüsebrühe, Tomatenmark, Peperoni, dem restlichen geschälten Knoblauch und Ingwer füllen. Das Lamm mit der Fleischseite nach unten einlegen. Die Hautseite mit 1/2 TL Chilipulver, Kreuzkümmel, Salz und Pfeffer würzen.

**4** Lamm auf der mittleren Schiene 35 Minuten im Ofen garen. Nach 20 Minuten mit Kreuzkümmel, Garam Masala und gemahlenem Koriander würzen. Salzen, pfeffern und die Schalotten zufügen. 5 Minuten vor Garzeitende die Aprikosen folgen lassen. Mit Koriandergrün bestreut servieren.

## ✶✶ Bohnen-Salsa mit Schinkenwürfeln

**120 g getrocknete Kidneybohnen**
**1 Flaschentomate**
**1 frische rote Peperoni**
**100 g gekochter Schinken**
**12 Basilikumblätter**
**2 EL Walnussöl, 1 EL Olivenöl**
**1 EL weißer Balsamico**
**Salz, schwarzer Pfeffer**
**einige Spritzer Zitronensaft**

**1** Kidneybohnen über Nacht einweichen, dann in reichlich frischem Wasser etwa 60 bis 80 Minuten bissfest köcheln. Tomate entkernen und fein würfeln. Peperoni in hauchdünne Ringe schneiden. Schinken ggf. vom Fettrand befreien und in feine Würfel schneiden. Basilikumblätter vom Stock schneiden.

**2** Für die Vinaigrette Walnussöl, Olivenöl, Balsamico, Salz und Pfeffer in einer kleinen Schüssel mit dem Schneebesen cremig schlagen. Peperoniringe zufügen.

**3** Alle Zutaten in eine Salatschüssel geben und mit der Vinaigrette mischen. Zum Schluss mit etwas Zitronensaft abrunden.

# Pasta –

# Asia oder Italia?

*Keine Angst vor Pasta!*
*Glasnudeln so viele Sie wollen oder Zebra-Spaghetti für groß und klein, alle machen nudelschlank. Ob mit Tomaten-Peperoni-Sauce oder Chili-Kokos-Marinade, erlaubt ist, was schmeckt!*

## ✶✶ Zebraspaghetti mit Thunfischragout

**400 g Thunfischsteak**
**2 Schalotten**
**4 Knoblauchzehen**
**2 frische rote Peperoni**
**1 frische rote Chilischote**
**2 vollreife Tomaten**
**1 TL frisch geriebener Ingwer**
**10 Basilikumblätter**
**4 EL Olivenöl**
**2 EL Limettensaft**
**1/4 TL Kurkuma**
**Meersalz, schwarzer Pfeffer**
**100 ml trockener Weißwein**
**100 ml Gemüsebrühe**
**60 g Spaghetti (Hartweizengrieß)**
**60 g Vollkornspaghetti**

**1** Thunfischragout: Thunfisch kalt abspülen, mit Küchenpapier sorgfältig trockentupfen. Jetzt bei Bedarf von Haut und Gräten befreien und in grobe Würfel schneiden. In einem Mixer auf die Konsistenz von Hackfleisch bringen.

**2** Schalotten schälen und fein hacken. Knoblauch schälen und in Scheibchen schneiden. Die Peperoni der Länge nach halbieren, entkernen und fein würfeln. Chilischote halbieren. Tomaten vierteln, die Kerne entfernen, klein würfeln. Ingwer schälen und fein reiben. Basilikum fein hacken.

**3** Chilischote in Olivenöl braten bis das Öl geschärft ist, dann entfernen. Schalotten, Knoblauch und Peperoni hell andünsten und den Thunfisch zufügen. Mit Limettensaft, Kurkuma, Salz und Pfeffer würzen. Nach 5 Minuten mit Weißwein ablöschen und etwas einziehen lassen. Brühe zugießen, Tomatenwürfel und Basilikum folgen lassen.

**4** In der Zwischenzeit: Spaghetti in sprudelndem Salzwasser bissfest garen und abseihen. Spaghetti auf Teller verteilen und mit dem Thunfischragout beschöpfen.

### Spicy Info

**Zebraspaghetti?**
**Spicys Pastatraum besteht zu gleichen Teilen aus hellen Hartweizengrießnudeln und braunen Vollkornnudeln. Das ergibt ein rundes Pastavergnügen mit wenig Weißmehl und viel Geschmack**

## ✶✶✶ Tomaten-Paprika-Sauce

**1 große rote Zwiebel**
**4 Knoblauchzehen**
**1 rote Paprikaschote**
**1 frische rote Chilischote**
**1 TL frisch geriebener Ingwer**
**12 frische Basilikumblätter**
**4 EL Olivenöl**
**1 kleine Dose geschälte Tomaten (Abtropfgewicht 240 g)**
**Salz, schwarzer Pfeffer**
**120 g Vollkornnudeln**

**1** Zwiebel und Knoblauch schälen, beides fein hacken. Paprika und Chilischote entkernen, alles fein würfeln. Ingwer schälen und fein reiben. Basilikum waschen und fein hacken.

**2** Chilischote in Olivenöl anbraten, bis das Öl geschärft ist, dann wieder herausholen. Jetzt Zwiebel und Knoblauch glasig dünsten. Paprika und den Inhalt der Tomatendose zufügen. Mit Ingwer, Salz und Pfeffer würzen. Nach 5 Minuten Basilikum unterheben.

**3** Unterdessen die Nudeln bissfest kochen, abseihen und zusammen mit der Sauce servieren.

## ✶✶✶ Glasnudeln in scharfer Kokosmarinade

**100 g Glasnudeln**
**2 Schalotten**
**2 Knoblauchzehen**
**1 große Karotte**
**1 frische rote Peperoni**
**1 Frühlingszwiebel**
**1 TL frische geriebener Ingwer**
**8 Stängel Koriandergrün**
**1 Mandarine**
**1 Limette**
**2 EL Rapsöl**
**400 g Hackfleisch vom Schwein**
**1 TL Chilipulver**
**1/2–1 TL gekörnte Gemüsebrühe**
**Salz**
**schwarzer Pfeffer**
**60 ml Kokosmilch, ungesüßt**
**2 EL helles Sesamöl**

**1** Glasnudeln 8 Minuten in heißem Wasser quellen lassen, abseihen, etwas zerkleinern. Schalotten, Knoblauch und Karotte schälen. Peperoni längs halbieren und entkernen, alles fein würfeln. Frühlingszwiebel putzen und in Röllchen schneiden. Ingwer schälen und fein reiben. Koriander fein hacken. Mandarine und Limette in getrennten Gefäßen auspressen.

**2** Schalotten, 1 Knoblauchzehe, Karotte und die Hälfte der Peperoniwürfel in 2 EL Rapsöl sanft anbraten. Hackfleisch zufügen, scharf braten. Kräftig mit Chilipulver, gekörnter Gemüsebrühe, Salz und Pfeffer würzen. Mit Mandarinensaft ablöschen und eindampfen lassen. Noch einige Spritzer Limettensaft zufügen.

**3** Kokosmarinade: die restlichen Peperoniwürfel, 1 Knoblauchzehe, Ingwer, 1 EL Limettensaft und Kokosmilch in ein hohes Gefäß geben und einmal kurz anmixen. Glasnudeln in eine große Salatschüssel geben und mit der Marinade mischen. Hackfleisch darüber geben, nochmals mischen. Mit Koriandergrün bestreuen, mit hellem Sesamöl beträufeln.

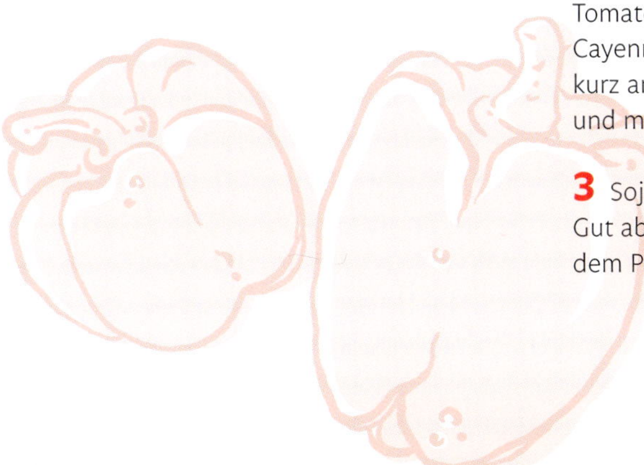

## ✶✶✶ Sojaspaghetti mit rotem Pesto »light«

**1 rote Paprikaschote**
**1 frische rote Peperoni**
**1 Knoblauchzehe, 1 Schalotte**
**je 4 Minze- und Basilikumblätter**
**6 EL Olivenöl**
**4–5 getrocknete Tomaten in Öl**
**2 EL Pinienkerne**
**1 Msp. Cayennepfeffer**
**Meersalz, schwarzer Pfeffer**
**einige Spritzer Zitronensaft**
**120 g Sojaspaghetti**

**1** Die Paprika vom Kerngehäuse befreien. Peperoni längs halbieren und entkernen. Knoblauch und Schalotte schälen, alles fein würfeln. Kräuter säubern.

**2** Paprika und Schalotten in 2 EL Olivenöl 5 Minuten andünsten.
In einem hohen Gefäß mit 4 EL Olivenöl, Knoblauch, getrocknete Tomaten, Pinienkerne, Kräuter und Cayennepfeffer mit dem Stabmixer kurz anpürieren. Salzen, pfeffern und mit Zitronensaft abrunden.

**3** Sojaspaghetti bissfest kochen. Gut abgetropft in einer Schüssel mit dem Pesto mischen.

## ✶✶ Kurkumaglasnudeln mit Scampi

100 g Glasnudeln, 1/4 TL Kurkuma
300 g Scampi, roh, geschält
1 Schalotte, 2 Knoblauchzehen
1 frische rote Peperoni
1 Stange Lauch, 100 g Zucchini
3 cm Ingwerwurzel
8 Stängel Koriandergrün
1 Limette, 3 EL Olivenöl
Salz, schwarzer Pfeffer

**1** Glasnudeln in einer Schüssel mit kochend heißem Wasser bedecken, Kurkuma zufügen und 6 bis 8 Minuten quellen lassen. Dann abseihen und etwas zerkleinern.

**2** Scampi abspülen, trockentupfen. Schalotte und Knoblauch schälen, beides fein hacken. Peperoni in dünne Ringe schneiden. Lauch putzen, Zucchini waschen, Ingwer schälen, alles in feine Streifchen schneiden. Koriander waschen, fein hacken. Limette auspressen.

**3** Peperoni, Knoblauch, Schalotte und Ingwer in Olivenöl sanft andünsten. Lauch und Zucchini folgen lassen, 1 Minute braten. Garnelen zufügen und 1 Minute pro Seite braten. Jetzt die Glasnudeln in die Pfanne geben und alles vermischen. Mit Salz, Pfeffer und 1 bis 2 EL Limettensaft würzen. Koriander darüber geben.

## ✶✶ Gelbes Spicy »Ingwer-Pesto«

1 große gelbe Paprikaschote
1 frische gelbe Peperoni
2 Knoblauchzehen
1 weiße Zwiebel
1 EL frisch geriebener Ingwer
6 EL Olivenöl
2 EL Mandeln (gehobelt)
1 EL Limettensaft
Meersalz
weißer Pfeffer
1 Msp. Chilipulver, bei Bedarf

**1** Paprika waschen, vierteln und das Kerngehäuse entfernen. Die Peperoni der Länge nach halbieren und entkernen. Knoblauch und Zwiebel schälen, alles fein würfeln. Ingwer schälen und sehr fein reiben.

**2** Paprika, Peperoni, Zwiebel sowie den Knoblauch in 2 EL Olivenöl hell andünsten. Sobald die Paprika sehr weich ist, alles in ein hohes Gefäß füllen und zusammen mit 4 EL Olivenöl, Ingwer, Mandeln, Limettensaft, Salz und Pfeffer mit dem Stabmixer cremig aufmixen. Fehlt Ihnen Schärfe? Einfach mit 1 Msp. Chilipulver Abhilfe schaffen.

## ✶✶ Vollkornnudeln mit scharfen Pilzen

400 g Egerlinge (kleine Köpfe)
1 weiße Zwiebel, 1 Knoblauchzehe
1 Petersilienwurzel (ca. 40 g)
1 Bund glatte Petersilie
1 TL frisch geriebener Galgant
4 EL Olivenöl
200–300 ml Gemüsebrühe
1/4 TL Chilipulver
Salz, schwarzer Pfeffer
einige Spritzer Zitronensaft
120 g Vollkornnudeln
1 TL gem. Koriander

**1** Pilze trocken säubern und blättrig schneiden. Zwiebel, Knoblauch und Petersilienwurzel schälen und fein würfeln. Petersilie waschen und fein hacken. Galgant fein reiben.

**2** In einem kleinen Topf Zwiebel, Knoblauch und Petersilienwurzel in 2 EL Olivenöl hell andünsten. Mit Gemüsebrühe bedecken und so lange köcheln, bis das Gemüse weich ist, dann cremig aufmixen. Chilipulver, Salz, Pfeffer und Zitronensaft zufügen.

**3** Nudeln bissfest kochen und abseihen. Die Pilze scharf im restlichen Olivenöl anbraten. Mit gemahlenem Koriander, Salz und Pfeffer bestreuen. Petersilie zufügen, die Nudeln kurz in der Pfanne schwenken und mit der Sauce servieren.

## ★★★ Spicy Tomaten-Peperoni-Sauce

1 große rote Zwiebel
3 Knoblauchzehen
1–2 frische rote Peperoni
2 Flaschentomaten
1 TL frisch geriebener Ingwer
10 frische Minzeblätter
4 EL Olivenöl
1 kleine Dose geschälte Tomaten (Abtropfgewicht 240 g)
1 Msp. Cayennepfeffer
Salz, schwarzer Pfeffer
120 g Vollkornnudeln

**1** Zwiebel und Knoblauch schälen. Peperoni längs halbieren und entkernen, Tomaten vierteln und entkernen, alles klein würfeln. Ingwer schälen und fein reiben. Minze hacken.

**2** Zwiebel, Knoblauch und Peperoni in Olivenöl andünsten. Sobald das Gemüse weich ist mit dem Inhalt der Tomatendose auffüllen. Zum Schluss die Tomatenwürfel in der Sauce erwärmen. Mit Cayennepfeffer, etwas Salz und Pfeffer würzen, dann die Minze dazugeben.

**3** Inzwischen die Vollkornnudeln in reichlich sprudelndem Salzwasser bissfest kochen, abseihen und mit der Sauce in der Pfanne mischen.

## ★ Offene Lasagne mit Ingwer-Rotbarbe

4 Rotbarbenfilets (à 100 g), 1 Zitrone
1 Schalotte, 2 Knoblauchzehen
1 frische rote Peperoni
2 Flaschentomaten
1/2 Bund Petersilie
2 EL Olivenöl
Meersalz, schwarzer Pfeffer
1/2 TL Ingwerpulver
50 ml trockener Weißwein
4 Lasagneblätter

**1** Filets abspülen, trockentupfen und mit Zitronensaft beträufeln. Schalotte und Knoblauch schälen, beides fein hacken. Peperoni und Tomaten entkernen und in Streifchen schneiden. Petersilie hacken.

**2** Knoblauch, Schalotte, Peperoni und Petersilie in Olivenöl andünsten. Rotbarbenfilets einlegen und pro Seite 2 Minuten scharf braten. Salzen, pfeffern und mit Ingwerpulver bestreuen. Mit Weißwein ablöschen. Die Sauce mit Salz und Pfeffer würzen. Zum Schluss die Tomatenstreifchen zufügen und nur erwärmen.

**3** Inzwischen Lasagneblätter in Salzwasser bissfest kochen, abseihen. Jeweils 1 Lasagneblatt auf den Teller legen, 2 Rotbarbenfilets darauf setzen und mit dem zweiten Lasagneblatt bedecken. Die Sauce aus der Pfanne darüber löffeln.

## ★★★ Paprikacreme-Thunfisch-Sauce

1 große rote Paprikaschote
1 frische rote Chilischote
1 kleine weiße Zwiebel
2 Knoblauchzehen
1 Flaschentomate
4 EL Olivenöl
25 ml trockener Weißwein
je 1/4 TL Meersalz, schwarzer Pfeffer
1 Dose Thunfischfilet naturale, (Abtropfgewicht 80 g)
einige Spritzer Zitronensaft
120 g Vollkornbandnudeln

**1** Paprika und Chilischote entkernen, Zwiebel und Knoblauch schälen, Tomate vierteln und entkernen - alles in feine Würfel schneiden.

**2** Zwiebel, Knoblauch und Chilischote in 2 EL Olivenöl hell andünsten. Paprika und Tomate zufügen und sanft 6 Minuten braten. Mit Weißwein ablöschen, salzen, pfeffern. Sobald die Paprika sehr weich ist, alles mit dem Stabmixer cremig pürieren. Jetzt den Thunfisch und das restliche Olivenöl zufügen. Abschmecken und mit Zitronensaft abrunden.

**3** In der Zwischenzeit die Nudeln in sprudelndem Salzwasser bissfest kochen. Abseihen und mit der Sauce servieren.

# Powergerichte: Gelbe Linsen & Co.

*Bombay-Kartoffeln mit Spinat, Süsskartoffeln mit Ingwer oder Kichererbsenpüree: Sie finden ein farbenfrohes Gewürzfeuerwerk vor! Kommen Sie auf den Geschmack, egal ob in leuchtend hellem Kurkumagelb oder in Chiliorange …*

## * Reis mit Schwarzen Bohnen

100 g getrocknete Schwarze Bohnen
1 kleine rote Spitzpaprika
1 rote Peperoni
1 Knoblauchzehe
8 Stängel Koriandergrün
1 TL frisch geriebener Ingwer
2–3 EL Limettensaft
200 ml Kokosmilch, ungesüßt
je 1/2 TL Salz, schwarzer Pfeffer, Chilipulver
180 g Basmati-Reis

**1** Bohnen über Nacht einweichen. Abseihen, mit viel frischem Wasser 60 Minuten sanft köcheln, abgießen. Paprika und Peperoni längs halbieren. Knoblauch schälen alles grob zerkleinern. Koriander fein hacken. Geschälten Ingwer fein reiben.

**2** Kokossauce: Limettensaft, Kokosmilch, Paprika, Peperoni, Knoblauch, Ingwer, Salz, Pfeffer, Chilipulver in einem hohen Gefäß einmal kurz anpürieren. Koriander zufügen.

**3** Basmati waschen, bis das Wasser klar ist. Mit 200 ml Wasser aufsetzen. Sobald der Reis bissfest ist und das Wasser absorbiert hat, die Kokossauce zufügen. 2 Minuten ziehen lassen, die Bohnen unterheben und noch einmal abschmecken.

## ** Ofenkartoffeln mit Spicy Joghurt-Dip

4–6 Kartoffeln, fest kochend
1–2 frische rote Peperoni
1 TL frisch geriebener Ingwer
1 Lauchzwiebel
1 Knoblauchzehe
6 frische Minzeblätter
150 g Naturjoghurt, 3,8 %
2–3 EL Limettensaft
1/4–1/2 TL Chilipulver
1 Msp. gem. Koriander oder Zimt
Salz, schwarzer Pfeffer

**1** Ofen auf 220 Grad vorheizen. Kartoffeln abbürsten. Einzeln in Alufolie wickeln, 30 bis 40 Minuten im Ofen garen. Peperoni längs halbieren, entkernen und fein hacken. Ingwer schälen, fein reiben. Lauchzwiebel in feine Röllchen schneiden. Knoblauch schälen, Minze säubern und fein hacken.

**2** Spicy Joghurt-Dip: Joghurt in einer Schüssel cremig aufschlagen. Knoblauchzehe dazupressen, restliche Zutaten folgen lassen und abschmecken. Die fertigen Kartoffeln aus der Alufolie holen. Über Kreuz einritzen und mit dem Dip füllen.

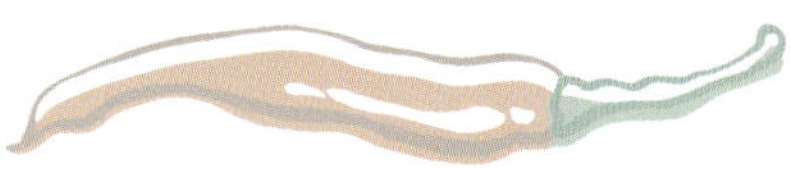

## ** Bombay Kartoffeln mit Ingwer-Dip

400 g kleine Kartoffeln
400 g Baby-Spinat
1 frische rote Peperoni
2 TL frisch geriebener Ingwer
150 g Naturjoghurt, 3,8 %
2 EL Limettensaft
Salz, schwarzer Pfeffer
1 TL schwarze Senfkörner
je 1/2 TL Garam Masala, Kurkuma
je 1/4 TL gem. Kreuzkümmel, gem. Koriander
3–4 EL Rapsöl
Chilipulver

**1** Kartoffeln schälen, längs halbieren. Spinat waschen und verlesen. Peperoni fein würfeln. Ingwer schälen und fein reiben.

**2** Kartoffeln bissfest dämpfen. Für den Dip Joghurt, 1 EL Ingwer und 1 EL Limettensaft mischen, salzen und pfeffern.

**3** Alle Gewürze mit dem restlichen Ingwer und der Peperoni in einer breiten beschichteten Pfanne in Rapsöl anbraten. Kartoffeln zufügen, nach 3 Minuten beiseite schieben. Spinat zugeben, er fällt sofort zusammen. Kartoffeln und Spinat mischen. Abschmecken und, falls Schärfe fehlt, mit Chilipulver boostern. Limettensaft darüber geben, salzen und pfeffern.

## ✶✶ Ofenlinsen mit Kartoffeln

**120 g Belugalinsen**
**1 große rote Zwiebel**
**4 Knoblauchzehen**
**1 Karotte**
**1 rote Paprikaschote**
**300 g Kartoffeln, fest kochend**
**1 Lauchzwiebel**
**1 TL frisch geriebener Ingwer**
**1/2 l kräftige Gemüsebrühe**
**1 getrocknete Chilischote**
**Salz**
**schwarzer Pfeffer**
**einige Spritzer Zitronensaft**
**2–3 EL Olivenöl**

**1** Ofen auf 240 Grad vorheizen. Linsen waschen, bis das Wasser klar ist. Zwiebel und Knoblauch schälen, beides sehr fein hacken. Karotte schälen, fein würfeln. Paprika entkernen, Kartoffeln schälen, beides in 2 cm große Stücke schneiden. Von der Lauchzwiebel das Wurzelbüschel entfernen und anschließend schräg in dünne Ringe schneiden. Ingwer schälen und fein reiben.

**2** Linsen, Knoblauch, Zwiebel und Karottenwürfel in eine Auflaufform (24 x 24 cm) geben. Gemüsebrühe, Ingwer, zerbröselte Chilischote, Salz und Pfeffer zufügen. Ab in den Ofen auf der mittleren Schiene für ca. 30 Minuten.

**3** Linsen aus dem Ofen holen. Mit etwas Zitronensaft beträufeln, falls nötig, zusätzlich mit etwas Brühe aufgießen. Erst die Paprika, dann die Kartoffelwürfel darauf verteilen. Salzen, pfeffern, mit Olivenöl beträufeln. Für weitere 10 Minuten im Ofen garen oder so lange, bis die Linsen weich sind. Mit Lauchzwiebel garnieren.

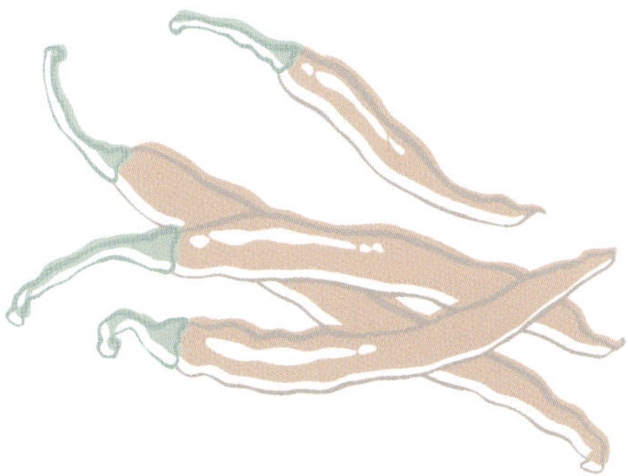

### Spicy Info

**Keine getrockneten oder frischen Chilischoten zur Hand? Sie können sie durch 1 frische rote Peperoni ersetzen. Um den gewünschten Schärfegrad zu erhalten, Samen und Trennwände nicht entfernen!**

## ✶ Kichererbsen mit Tomaten und Mozzarella

**200 g getrocknete Kichererbsen**
**2 große Schalotten**
**2 Knoblauchzehen**
**1 frische rote Peperoni**
**1 EL frisch geriebener Ingwer**
**1 Kugel Mozzarella (150 g)**
**1 Hand voll Basilikumblätter**
**10 Stängel Petersilie**
**4 EL Olivenöl**
**150 ml kräftige Gemüsebrühe**
**1 kleine Dose geschälte Tomaten (Abtropfgewicht 240 g)**
**Salz, schwarzer Pfeffer**

**1** Kircherbsen über Nacht in Wasser einweichen. Am nächsten Tag mit reichlich Wasser 30 bis 40 Minuten sanft köcheln lassen, abseihen.

**2** Schalotten und Knoblauch schälen, Peperoni entkernen, alles fein würfeln. Geschälten Ingwer fein reiben. Mozzarella 1 cm groß würfeln, Kräuter grob zerkleinern.

**3** Schalotten, Knoblauch und Peperoni in Olivenöl andünsten. Gemüsebrühe, Kichererbsen und den Inhalt der Tomatendose zufügen. Mit Ingwer, Salz und Pfeffer würzen. Nach 5 Minuten die Kräuter zufügen. Mit Mozzarella anrichten.

## ✶✶✶ Süßkartoffelpüree mit Ingwer

600 g Süßkartoffeln mit rosa Fleisch
1 große rote Zwiebel
2 Knoblauchzehen
1 frische rote Peperoni
1 EL frisch geriebener Ingwer
4 EL Olivenöl
200 ml Gemüsebrühe
je 1/4 TL Kurkuma, Chilipulver
1 EL Limettensaft
Salz, weißer Pfeffer

**1** Die Süßkartoffeln schälen, in 2 cm große Stücke schneiden. Zwiebel und Knoblauch schälen, Peperoni längs halbieren und entkernen - alles fein hacken. Ingwer von der Schale befreien und sehr fein reiben.

**2** Zwiebel, Knoblauch und Peperoni in 3 EL Olivenöl hell andünsten. Süßkartoffeln und Ingwer folgen lassen. Mit Gemüsebrühe auffüllen. Sobald diese fast eingekocht ist, mit Kurkuma, Chilipulver, Limettensaft, Salz und Pfeffer würzen. Restliches Olivenöl zufügen und mit dem Stabmixer cremig aufmixen, dann abschmecken.

## ✶✶ Kichererbsenpüree mit Koriander

200 g getrocknete Kichererbsen
2 Schalotten, 2 Knoblauchzehen
1 frische rote Peperoni
20 g frisches Koriandergrün
1 TL frisch geriebener Ingwer
2–3 EL Olivenöl
200 ml kräftige Gemüsebrühe
je 1/4 TL gem. Kreuzkümmel, gem. Koriander
Salz, schwarzer Pfeffer
einige Spritzer Zitronensaft

**1** Kichererbsen über Nacht einweichen. Mit viel frischem Wasser aufsetzen, 50 bis 60 Minuten sehr weich köcheln, abseihen.

**2** Schalotten und Knoblauch schälen, Peperoni längs halbieren und entkernen, alles fein würfeln. Koriander fein hacken. Geschälten Ingwer sehr fein reiben.

**3** Schalotten, Knoblauch und Peperoni in 2 EL Olivenöl anglasen. Brühe, Ingwer und Kichererbsen zufügen. Sobald die Flüssigkeit fast eingedampft ist, mit Kreuzkümmel und Koriander würzen und cremig pürieren. Koriandergrün zufügen und mit Salz, Pfeffer und Zitronensaft abschmecken.

## ✶✶ Kürbis im Ofen mit Würzöl

500 g Muskatkürbis, nur das Fleisch
1 frische rote Peperoni
5 EL Olivenöl
1 EL Limettensaft
1/2 TL Chilipulver
je 1/4 TL Kurkuma, Meersalz, schwarzer Pfeffer
4 Knoblauchzehen

**1** Ofen auf 220 Grad vorheizen. Kürbis schälen, Kerne entfernen und das Kürbisfleisch in 2 cm große Würfel schneiden. Peperoni der Länge nach halbieren, entkernen und fein würfeln.

**2** Für das Würzöl in einer kleinen Schale 4 EL Olivenöl, Limettensaft, Peperoni, Chilipulver, Kurkuma, Salz und Pfeffer mischen.

**3** Eine Auflaufform (24 x 24 cm) mit 1 EL Olivenöl ausreiben. Geschälte Knoblauchzehen und Kürbiswürfel darin gleichmäßig verteilen. Mit Würzöl beträufeln. Anschließend in den Ofen schieben, auf der mittleren Einschubleiste, für ca. 15 bis 20 Minuten.

## ✶ Spargel in der Folie mit Galgant

**500 g grüner Spargel, mitteldick**
**1 TL frisch geriebener Galgant oder frisch geriebener Ingwer**
**2 EL Olivenöl**
**Meersalz**
**schwarzer Pfeffer**
**einige Spritzer Zitronensaft**

**1** Den Ofen auf 220 Grad vorheizen. Die Spargelstangen waschen, dann das untere Drittel mit einem scharfen Messer abschneiden. Die Galgant- oder Ingwerknolle schälen und anschließend sehr fein reiben.

**2** Ein Stück Alufolie auf einem Blech auslegen. Eine Hälfte mit Olivenöl einreiben und den Spargel darauf verteilen und mit Galgant oder Ingwer würzen. Dann salzen und pfeffern. Jetzt die linke Hälfte über die rechte klappen und mit einem Falz gut verschließen. Dann für etwa 15 Minuten in den Ofen schieben.

**3** Das Alupäckchen aus dem Ofen holen. Zum Schluss den Spargel mit etwas Zitronensaft beträufeln.

## ✶✶ Ananas-Papaya-Salsa mit scharfer Kokosmilch

**1 kleine Papaya**
**1 frische Scheibe Ananas (ca. 200 g)**
**1 frische rote Peperoni**
**1 TL frisch geriebener Ingwer**
**10 Stängel Koriandergrün**
**100 ml Kokosmilch, ungesüßt**
**2 EL Limettensaft**
**1 Msp. gem. Kreuzkümmel**
**Meersalz**
**schwarzer Pfeffer**

**1** Papaya halbieren, die Kerne mit einem Löffel herauslösen. Die Frucht schälen. Ananas schälen, Augen und Strunk entfernen, beides in Würfel von 2 cm Kantenlänge schneiden. Peperoni längs halbieren, entkernen und fein würfeln. Ingwer schälen und sehr fein reiben. Koriander waschen und fein hacken.

**2** Scharfe Kokosmilch: Kokosmilch, Peperoni, Limettensaft, Ingwer und Kreuzkümmel in ein hohes Gefäß geben und 1-mal kurz mit dem Stabmixer aufmixen. Mit Salz und Pfeffer abschmecken. Zum Schluss gehacktes Koriandergrün zufügen, dann die scharfe Kokosmilch über die Tropenfrüchte gießen.

## ✶ Sprossen mit frittiertem Ingwer

**300 g frische Mungosprossen**
**1 frische rote Peperoni**
**3 cm frische Ingwerknolle**
**1 EL Rapsöl**
**1–2 EL helles Sesamöl**
**1 TL helle Sojasauce**
**1 TL Austernsauce**
**1 Msp. chin. Würzmischung**
**Meersalz**
**schwarzer Pfeffer**

**1** Die Sprossen in ein Sieb geben und mit kaltem Wasser abspülen. Peperoni der Länge nach halbieren, entkernen und fein hacken. Ingwer von der Schale befreien und in hauchdünne Stäbchen schneiden.

**2** In einer Wokpfanne 1 EL Rapsöl und 1 EL helles Sesamöl erhitzen. Peperoni und Ingwerstäbchen zufügen, jetzt etwa 4 Minuten unter ständigem Rühren anbraten. Die Sprossen folgen lassen und 5 Minuten braten. Zum Schluss mit Sojasauce, Austernsauce, chinesischer Würzmischung, Salz und Pfeffer würzen. Bei Bedarf zusätzlich mit Sesamöl beträufeln.

# Fischiges: vom Knurrhahn zur Sepia

*Brasse mit karibischer Salsa oder Lachs in scharfer Kokosmilch gegart ... Aus allen Meeren dieser Welt Fische, wie Sie sie nie zuvor in Ihrem Leben gegessen haben. Urlaubsfeeling pur!*

## ✶✶ Knurrhahn mit scharfem Rucola-Gemüse

2 rote Knurrhähne, küchenfertig (à 350–400 g)
einige Spritzer Zitronensaft
Mehl zum Wenden
300 g Rucola (große Blätter)
1 große Schalotte
1 Knoblauchzehe
1 frische rote Chilischote
2 cm Ingwerwurzel
3–4 EL Olivenöl
Meersalz, schwarzer Pfeffer

**1** Knurrhähne ohne Kopf kalt abspülen, trockentupfen, innen mit Zitronensaft beträufeln, dann in Mehl wenden. Rucola waschen, verlesen, Stängel entfernen und in 3 cm lange Stücke schneiden. Schalotte und Knoblauch schälen, beides fein hacken. Chilischote halbieren. Ingwer schälen und dann in dünne Stifte schneiden.

**2** Knurrhähne in 2 EL Olivenöl rundherum 3 bis 4 Minuten braten, salzen, pfeffern. In einer zweiten Pfanne Chilischote in 1-2 EL Olivenöl braten, bis das Öl scharf ist, dann entfernen. Schalotte, Knoblauch und Ingwer im Öl andünsten. Rucola zufügen und kurz schwenken, salzen, pfeffern.

## ✶✶✶ Lachsfilet in scharfer Kokosmilch

2 Lachsfilets (à 125 g)
1 frische rote Peperoni
3 EL Limettensaft
1 dünner Bund Koriandergrün
1 TL frisch geriebener Ingwer
180 ml Kokosmilch, ungesüßt
1 Prise Zucker
$^1/_4$–$^1/_2$ TL Chilipulver
$^1/_4$ TL Meersalz, schwarzer Pfeffer
2 EL Olivenöl

**1** Lachs abspülen und trockentupfen. Peperoni entkernen und fein würfeln. Limette auspressen. Koriander waschen und fein hacken. Geschälten Ingwer fein reiben.

**2** Scharfe Kokosmilch: Ingwer und Kokosmilch in ein hohes Gefäß geben und mit dem Stabmixer cremig pürieren. Peperoni, Limettensaft, Zucker, Chilipulver, Salz und Pfeffer zufügen, nochmals kurz anmixen, dann das Koriandergrün einrühren.

**3** Die geschärfte Kokosmilch in eine beschichtete Pfanne gießen. Lachsfilets hineinlegen. 5 Minuten sanft garen. Wenden und 1 Minuten gar ziehen lassen. Zum Schluss die Lachsfilets mit je 1 EL Olivenöl beträufeln.

## ✶✶✶ Thunfisch in Orangen-Chili-Sauce

1 Limette
2 Thunfischkoteletts (à 180 g)
1 große Schalotte
1 frische rote Peperoni
1 EL frisch geriebener Ingwer
3 Orangen, 2 EL Olivenöl
$^1/_4$ TL Chilipulver
Meersalz, schwarzer Pfeffer
1 EL trockener Weißwein
1–2 EL Rapsöl

**1** Limette auspressen. Thunfisch abspülen, trockentupfen und mit 1 EL Limettensaft beträufeln. Schalotte schälen, Peperoni entkernen, beides fein würfeln. Geschälten Ingwer reiben. Orangen auspressen.

**2** Orangen-Chili-Sauce: Schalotte und Peperoni in 2 EL Olivenöl sanft andünsten. Orangensaft, Chilipulver, 1 EL Limettensaft, Salz und Pfeffer hinzufügen. 5 Minuten sanft köcheln mit Weißwein abschmecken.

**3** Grillpfanne mit Rapsöl erhitzen, Thunfisch einlegen und pro Seite 2 bis 3 Minuten scharf braten. Mit etwas Limettensaft, Salz und Pfeffer würzen. Thunfisch mit der Orangen-Chili-Sauce beschöpft servieren.

## ✶ Rotbarsch in Ingwer-Kurkuma-Hülle

1 frische rote Chilischote
2 Limetten
2 Rotbarschfilets (à 200g)
1–2 EL Mehl
1 TL Ingwerpulver
1/2 TL gem. Kurkuma
1/2 TL Meersalz
1/2 TL weißer Pfeffer
2–3 EL Rapsöl

**1** Chilischote halbieren. Eine Limette auspressen, die andere in Spalten schneiden. Rotbarsch kalt abspülen, trockentupfen und mit dem Limettensaft 15 Minuten marinieren.

**2** Für das Würzmehl: Mehl, gemahlenen Ingwer, gemahlene Kurkuma, Salz und Pfeffer mischen. Rotbarsch mit Küchenpapier gut trockentupfen und beidseitig darin wenden.

**3** Rapsöl in einer beschichteten Pfanne erhitzen und die Chilischote darin braten, bis das Öl geschärft ist, dann entfernen und den Rotbarsch einlegen. Pro Seite 2 bis 3 Minuten, je nach Dicke, kross braten. Limettenspalten an den Tellerrand setzen.

## ✶✶ Brasse mit karibischer Salsa

2 Brassen, küchenfertig
2 Limetten
2 frische rote Peperoni
1 EL frisch geriebener Ingwer
1 Bund Koriandergrün
2–3 EL Olivenöl
1/2 TL Chilipulver
je 1/4 TL gem. Kreuzkümmel, Meersalz, schwarzer Pfeffer
2 Knoblauchzehen

**1** Brassen abspülen. Im Abstand von 0,5 cm jedem Fisch nur auf einer Seite schräg tiefe Spalten in die Haut schneiden. Eine Limette in Scheibchen schneiden, die andere auspressen. Peperoni entkernen, sehr fein würfeln. Geschälten Ingwer fein reiben. Koriandergrün hacken.

**2** Karibische Salsa: 1 EL Olivenöl, 4 EL Limettensaft, Peperoni, Ingwer, Koriandergrün, Chilipulver, Kreuzkümmel, Salz und Pfeffer mischen. Geschälten Knoblauch dazupressen. 10 Minuten ziehen lassen. Ofen auf 220 Grad vorheizen.

**3** Salsa in die Spalten auf den Fischen drücken. Eine Form mit Olivenöl ausreiben. Die Brassen, Einschnitte nach oben, einlegen. Mit Olivenöl beträufeln, mit Limettenscheiben belegen. Auf der mittleren Schiene ca. 20 Minuten im Ofen garen.

## ✶ Kräutermakrele mit Limetten-Ingwer-Sauce

2 Makrelen, küchenfertig
1 Limette
1 Hand voll Thymianzweige
1 weiße Zwiebel
1 Knoblauchzehe
1 TL frisch geriebener Ingwer
1 EL Rapsöl, 2 EL Olivenöl
60 ml Gemüsebrühe
1 Msp. Chilipulver
Meersalz, schwarzer Pfeffer

**1** Ofen auf 220 Grad vorheizen. Makrelen gut abspülen, trockentupfen, die Bauchhöhle mit je 1/2 EL Limettensaft beträufeln und mit den Thymianzweigen füllen. Zwiebel und Knoblauch schälen, beides fein hacken. Ingwer schälen und ebenfalls sehr fein hacken.

**2** Ein feuerfestes Blech mit 1 EL Rapsöl bestreichen, die Makrelen darauf legen. Auf der mittleren Schiene für ca. 25 Minuten im Ofen garen lassen.

**3** Limetten-Ingwer-Sauce: Zwiebel und Knoblauch in 2 EL Olivenöl hell andünsten. Gemüsebrühe und Ingwer zufügen. Sobald die Zwiebeln butterweich sind die Sauce mit dem Stabmixer cremig aufmixen. Mit 2 EL Limettensaft, Chilipulver, Salz und Pfeffer würzen.

## ** Kabeljau in Papaya-Kokos-Sauce

2 Kabeljaufilets (à 200 g)
1 Limette, 1 große Schalotte
2 Knoblauchzehen
1 kleine Papaya
1 EL frisch geriebener Ingwer
4 EL Olivenöl
200 ml Wasser
3–4 EL Kokosmilch, ungesüßt
1/2 TL Chilipulver
Meersalz, weißer Pfeffer

**1** Fisch kalt abspülen, trockentupfen, mit 1 EL Limettensaft beträufeln. Schalotte und Knoblauch schälen, beides fein hacken. Papaya halbieren, die Kerne herauskratzen, schälen und das Fruchtfleisch grob würfeln. Ingwer schälen und fein reiben.

**2** Papaya-Kokos-Sauce: Schalotte und Knoblauch in 2 EL Olivenöl hell andünsten. Wasser, Papaya und Ingwer zugeben. Nach 5 Minuten mit dem Stabmixer cremig pürieren. Kokosmilch zufügen, mit Chilipulver, etwas Limettensaft, Salz und Pfeffer vorsichtig würzen.

**3** Kabeljau in 2 EL Olivenöl 2 bis 3 Minuten pro Seite braten. Mit etwas Limettensaft beträufeln, salzen und pfeffern.

## ** Lachs in der Folie mit Spargel und Galgant

2 Lachfilets (à 125 g)
2 Limetten
500 g grüner Spargel
1 Knoblauchzehe
1 TL frisch geriebener Galgant
3 EL Olivenöl
je 1/2 TL Chilipulver, Meersalz, schwarzer Pfeffer

**1** Lachs abspülen, trockentupfen, schräg tiefe Spalten einschneiden. Eine Limette in Scheibchen schneiden, die andere auspressen. Spargel waschen, das untere Drittel entfernen. Knoblauch und Galgant schälen, beides fein reiben.

**2** Dann 2 EL Limettensaft, Galgant, Knoblauch, Chilipulver, Salz und Pfeffer mischen und in die Einschnitte auf dem Lachsfilet füllen.

**3** Ein Blech mit Alufolie auslegen. Eine Hälfte mit 1 EL Olivenöl einpinseln. Zuerst den Spargel, dann den Lachs darauf setzen. Mit 2 EL Olivenöl beträufeln, mit Limettenscheiben belegen. Eine Hälfte der Alufolie über die andere klappen, mit einem Falz gut verschließen. 15 bis 20 Minuten auf der mittleren Schiene im Ofen garen.

## ** Viktoriabarsch in Orangensauce

2 Viktoriabarschfilets (à 200 g)
1 Limette, 1/2 TL Ingwerpulver
1 große rote Zwiebel
1 Knoblauchzehe
1 große Karotte
3 cm Ingwerknolle
1 rote Paprikaschote
1–2 frische rote Peperoni
1–2 Orangen
4 EL Olivenöl, 1 Prise Zucker
Meersalz, weißer Pfeffer

**1** Fisch mit Limettensaft 10 Minuten marinieren, trockentupfen, mit Ingwerpulver würzen. Zwiebel, Knoblauch, Karotte und Ingwer schälen, Paprika und Peperoni entkernen, alles in Streifchen schneiden. Aus den Orangen ca. 100 ml Saft pressen.

**2** Karotte, Ingwer und Zwiebel in 2 EL Olivenöl hell andünsten. Paprika und Peperoni dazugeben. Sobald das Gemüse bissfest ist, Orangensaft, Zucker, Salz und Pfeffer zufügen. 2 Minuten sanft köcheln.

**3** Viktoriabarsch in 2 EL Olivenöl pro Seite 2 bis 3 Minuten braten. Salzen, pfeffern, mit Limettensaft beträufeln und auf dem Gemüse servieren.

## ✶✶✶ Sepia mit Peperoni-Koriander-Salsa

2 Sepien, küchenfertig
1 rote Zwiebel
1 Knoblauchzehe
1 frische rote Peperoni
2 Limetten
8 Stängel frisches Koriandergrün
4–6 große Blätter Eichblattsalat
1 Msp. Chilipulver
Meersalz, schwarzer Pfeffer
1 EL Olivenöl

**1** Sepien waschen, trockentupfen und jeweils 2 mm tiefe Rauten einschneiden. Zwiebel und Knoblauch schälen, Peperoni längs halbieren und entkernen, alles fein hacken. Eine Limette auspressen, die andere halbieren. Koriander fein hacken. Salat waschen.

**2** Für die Salsa Limettensaft, Knoblauch, Zwiebel und Peperoni in einem hohen Gefäß mit dem Stabmixer kurz anmixen. Koriander zufügen, mit Chilipulver schärfen, salzen und pfeffern.

**3** Sepien in 1 EL Olivenöl pro Seite etwa 3 Minuten braten. Salat auf die Teller verteilen, Sepia in die Mitte setzen und mit Salsa beträufeln.

## ✶✶✶ Langostinos mit Peperoni und Kurkuma

8 Langostinos, roh mit Schale
4 Knoblauchzehen
1 rote Paprikaschote
2 frische rote Peperoni
1 frische rote Chilischote
1 TL frisch geriebener Ingwer
1 Zitrone, 4 EL Olivenöl
60 ml trockener Weißwein
1 Msp. Kurkuma
Meersalz, schwarze Pfeffer
8 Basilikumblätter

**1** Die Langostinos kalt abspülen. Knoblauch schälen und in Scheibchen schneiden. Paprika und Peperoni entkernen, beide in feine Streifchen schneiden. Chilischote entkernen. Geschälten Ingwer fein reiben. Zitrone halbieren. Eine Hälfte auspressen, die andere in Spalten schneiden.

**2** In einer großen Pfanne Chilischote und Knoblauch in Olivenöl anbraten, bis das Öl geschärft ist. Chilischote entfernen. Paprika und Peperoni zufügen und bissfest dünsten. Langostinos einlegen und pro Seite 2 Minuten braten. Weißwein, Ingwer, Kurkuma, Salz, Pfeffer und etwas Zitronensaft folgen lassen. Mit Basilikum garnieren. Die Zitrone an den Tellerrand setzen.

## ✶✶ Risotto mit Garnelen und Safran

1 große Schalotte
1 Knoblauchzehe
1 Stange Staudensellerie
1 frische rote Peperoni
1 frische rote Chilischote
200 g Riesengarnelen, geschält
3/4–1 l Geflügelbrühe
4 EL Olivenöl, 140 g Risottoreis
1/8 l trockener Weißwein
1 Dose Safranpulver (0,1 g)
Salz, schwarzer Pfeffer

**1** Schalotte und Knoblauch schälen, Staudensellerie putzen, Peperoni entkernen, alles fein würfeln. Chilischote halbieren. Garnelen kalt abspülen. Brühe aufkochen und am Sieden halten.

**2** Gemüse in Olivenöl andünsten. Reis trocken einstreuen. Rühren! Sobald die Reiskörner glasig werden, Weißwein zugießen und eindampfen lassen. 3 Schöpfkellen Brühe vom Risotto absorbieren lassen. 3 Schöpfkellen auf einmal zufügen, 4 Minuten kochen. Chilischote dazugeben, Deckel auflegen, den Topf von der Flamme nehmen, 10 Minuten quellen lassen. Brühe beiseite stellen.

**3** Risotto unter Rühren erwärmen. Schöpfkellenweise heiße Brühe zugießen. Garnelen und Safran zufügen. Nach 2 Minuten salzen und pfeffern.

# Cool – McSpicy:

# Fastfood, aber natürlich!

*Fette Burger kennen Sie?
Die sind nichts gegen die Chili-Chicken-Burger aus der Spicy-Welt... Das ist Food das nicht nur fit, sondern auch gesund macht. Und die Pommes schmecken verdammt gut!*

## ✶✶✶ Chili-Chicken-Burger mit süßen Zwiebeln

2 rote Zwiebeln
1 Tomate
2 frische rote Peperoni
2 Knoblauchzehen
1 EL Parmesan
300 g Hähnchenbrustfilet ohne Haut
1 EL Zitronensaft
je 1/2 TL Chilipulver, gem. Kreuzkümmel, Curry Madras
1 TL Dijon Senf
1/2 TL gekörnte Gemüsebrühe
1/4 TL Meersalz
schwarzer Pfeffer
1 TL Olivenöl
3 TL Rapsöl

**1** Zwiebeln schälen, eine davon sehr fein hacken, die andere halbieren und in Streifchen schneiden. Die Tomate in Scheibchen schneiden. Peperoni längs halbieren und entkernen, die eine in Streifchen schneiden, die andere fein würfeln. Knoblauch schälen und fein hacken. Parmesan vom Stück reiben.

**2** Hähnchenfilet in einem Mixer auf die Konsistenz von Hackfleisch bringen. In einer Schüssel mit den folgenden Zutaten gut mischen: Zwiebel- und Peperoniwürfeln, Knoblauch, Zitronensaft, Parmesan, Chilipulver, Kreuzkümmel, Curry Madras, Dijon Senf, gekörnter Gemüsebrühe, Salz, Pfeffer und Olivenöl. Jetzt zwei Burger formen.

**3** In einer beschichteten Pfanne 1 EL Rapsöl erhitzen. Peperoni und Zwiebelstreifchen darin hell andünsten und wieder herausholen. Restliches Rapsöl zugeben und die Burger pro Seite 5 bis 6 Minuten goldbraun braten. Die fertigen Burger mit Tomatenscheibchen belegen und mit den gebratenen Zwiebel- und Peperonistreifchen garniert genießen.

**Spicy Info**

**Statt Burger-Brötchen können Sie auch Vollkornbrötchen, Sesambrötchen oder Vollkorntoast verwenden, um Ihren Burger zu verspeisen.**

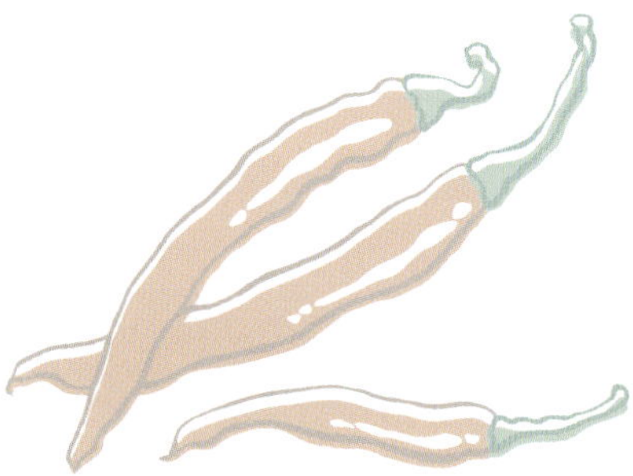

## ✶✶ Chicken Wings mit Würzöl

8–10 Hähnchenflügel
1 frische rote Peperoni
1 frische gelbe Peperoni
1 frische grüne Peperoni
1 Limette
4–5 EL Olivenöl
je 1/2 TL Chilipulver, Curry Madras, Meersalz, schwarzer Pfeffer
1 EL Ingwerpulver

**1** Den Ofen auf 220 Grad vorheizen. Hähnchenflügel kalt abspülen, trockentupfen. Alle Peperoni entkernen, fein würfeln. Limette halbieren, eine Hälfte auspressen, die andere in Spalten schneiden.

**2** Für das Würzöl in einem Schälchen 4 EL Olivenöl, Chilipulver, Curry Madras, Salz, Pfeffer, Ingwerpulver und 1 EL Limettensaft gut vermischen.

**3** Chicken Wings in eine Auflaufform (24 x 24 cm) einlegen und mit Würzöl begießen. Peperoni zufügen und für ca. 25 Minuten auf der mittleren Schiene im Ofen garen. Währenddessen gelegentlich mit etwas Olivenöl beträufeln.

## ✶✶ Atomic-Kicher-Burger

120 g getrocknete Kichererbsen
1 große Schalotte
2 Knoblauchzehen
1 frische rote Peperoni
1 frische rote Chilischote
je 30 g Koriandergrün, Petersilie
1 TL frisch geriebener Ingwer
3 EL Zitronensaft
je 1/2 TL Kreuzkümmel,
gem. Koriander, schwarzer Pfeffer,
Meersalz
3 EL Olivenöl
2 Msp. Zimt, 1 Ei
2 EL Naturjoghurt, 3,8 %
4 EL Rapsöl

**1** Kichererbsen über Nacht einweichen. Einweichwasser wegschütten. Kichererbsen mit reichlich frischem Wasser bedecken und etwa 60 Minuten sanft köcheln. Abseihen, auskühlen lassen und im Mixer pürieren.

**2** Schalotte und Knoblauch schälen, Peperoni und Chili längs halbieren, entkernen und fein würfeln. Koriandergrün und Petersilie waschen und alles sehr fein hacken. Ingwer schälen und reiben, Zitrone auspressen.

**3** Kichererbsenmus in eine Schüssel geben und mit folgenden Zutaten mischen: Schalotte, Knoblauch, Peperoni, Chili, Koriandergrün, Petersilie, Ingwer, Zitronensaft, Kreuzkümmel, gemahlenem Koriander, Pfeffer, Salz, Olivenöl, Zimt, Ei und Joghurt. Dann 20 Minuten ziehen lassen.

**4** Los geht's: 4 Burger formen. Entscheiden Sie selbst, ob Sie sie in Mehl wenden möchten oder nicht. Rapsöl in einer beschichteten Pfanne erhitzen und die Burger bei Mittelhitze 5 Minuten pro Seite hellbraun braten.

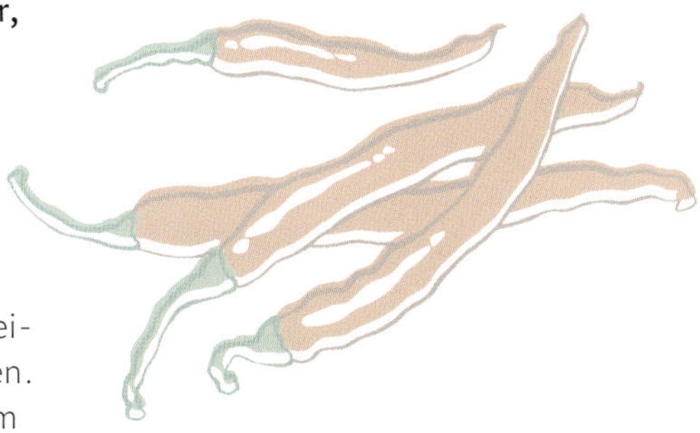

### Spicy Info

**Kichererbsen sind kalorienarm, dabei echte Nährstoffbomben. Reich an Folsäure, Zink, Eisen und Eiweiß. Sie machen fit, satt und schlank. Aus 100 g getrockneten Kichererbsen werden nach dem Kochen 200 g.**

## ✶ Süßkartoffel-Pommes

400 g Süßkartoffeln mit rosa Fleisch
1 Limette
1/2 TL Chilipulver
1/2 TL Meersalz
1/2 TL schwarzer Pfeffer
3 EL Rapsöl

**1** Die Süßkartoffeln gut schälen, bis das rosa Fruchtfleisch sichtbar wird. Anschließend in pommesgroße Stifte schneiden. Eine Hälfte der Limette auspressen, die andere in Spalten schneiden. Für das Würzmehl in einem Schälchen Chilipulver, Salz und Pfeffer mischen.

**2** Rapsöl in einer beschichteten Pfanne erhitzen und die Süßkartoffel-Pommes von beiden Seiten sanft braten. Zwischendurch mit dem Würzmehl bestreuen und mit etwas Limettensaft beträufeln. Nach etwa 6 Minuten die Garprobe machen.

**3** Die Süßkartoffeln auf Teller verteilen und die Limettenspalten an den Tellerrand setzen.

## ** Schinken-Burger mit Ananas-Ingwer-Chutney

2 Scheiben gekochter Schinken, 1 cm dick (à 130 g)
3 Scheiben frische Ananas (à 120 g)
1 weiße Zwiebel
1 frische rote Peperoni
150 g Weißkohl
1 EL frisch geriebener Ingwer
1/2 TL Fruchtzucker
2 EL weißer Balsamico
Salz, schwarzer Pfeffer
1 EL Olivenöl
1 Sesambrötchen

**1** Ofen auf 240 Grad vorheizen. Die Schinkenstücke ggf. vom Fett befreien und halbieren. Ananas schälen, halbieren, den Strunk entfernen. Zwiebel in Ringe schneiden. Peperoni feinwürfeln. Weißkohl halbieren, Strunk und Außenblätter herausschneiden, alles in sehr feine Streifchen schneiden. Geschälten Ingwer fein reiben.

**2** Für das Chutney 1 Scheibe Ananas grob zerkleinert, mit 2 EL Wasser pürieren. Dann mit Ingwer, Peperoni, Chili und Fruchtzucker in einem kleinen Topf erhitzen, etwas eindicken lassen. Weißkohl in einer Schüssel mit Balsamico, Salz und Pfeffer anmachen.

**3** Eine Auflaufform mit Olivenöl auspinseln, die Schinkenstücke einlegen und mit Ananas-Chutney dick bestreichen. Die Zwiebelringe rundherum in die Form legen. Jetzt auf der obersten Einschubleiste in den Ofen schieben. Nach 6 Minuten die Ananashälften auf den Schinken setzen und abermals 2 Minuten in den Ofen schieben.

**4** Sesambrötchen im Toaster grillen. Weißkohlsalat auf den Tellern verteilen. Mit Schinkenscheibchen belegen und mit Zwiebelringen garnieren.

## ** Thunfisch-Burger mit eingelegtem Ingwer

360 g frischer Thunfisch
2 Schalotten, 2 Knoblauchzehen
1 frische rote Peperoni
1 EL frisch geriebener Ingwer
je 1/2 Bund Petersilie, Koriandergrün
1–2 EL Limettensaft
1 EL Olivenöl
1/4 TL gem. Kreuzkümmel
Meersalz, schwarzer Pfeffer
3–4 EL Rapsöl
80 g eingelegter Ingwer

**1** Thunfisch ohne Haut und Gräten grob würfeln. Schalotten und Knoblauch schälen, Peperoni entkernen, alles sehr fein würfeln. Ingwer schälen und fein reiben. Petersilie und Koriandergrün fein hacken.

**2** Thunfisch in einen Mixer geben, und auf die Konsistenz von Hackfleisch bringen. Anschließend in einer Schüssel mit Schalotten, Knoblauch, Peperoni, Ingwer, gehackten Kräutern, Limettensaft, 1 EL Olivenöl, Kreuzkümmel, Salz und Pfeffer gut mischen. Jetzt etwa 1 Stunde an einem kühlen Ort ziehen lassen. Dann 2 gleiche große Burger formen.

**3** In einer beschichteten Pfanne Rapsöl erhitzen und die Burger einlegen. Pro Seite 5 bis 6 Minuten bei Mittelhitze hellbraun braten. Eingelegten Ingwer extra dazu reichen.

## ✶✶✶ Tofu-Bärlauch-Burger

50 g frischer Bärlauch
1 Frühlingszwiebel
1 frische rote Peperoni
80 g Kalamata-Oliven, entsteint
200 g klassischer, fester Tofu
2 EL Olivenöl
1 EL Zitronensaft
je ¼ TL Meersalz, schwarzer Pfeffer
1 Ei
10 EL Semmelbrösel
3–4 EL Rapsöl

**1** Bärlauch trocken säubern und grob zerkleinern. Frühlingszwiebel putzen und fein hacken. Peperoni längs halbieren, entkernen und zusammen mit den Oliven fein würfeln.

**2** Tofu, Bärlauch, 2 EL Olivenöl, Zitronensaft, Salz und Pfeffer in ein hohes Gefäß geben und mit dem Stabmixer cremig pürieren. Der Tofu färbt sich jetzt ganz grün. Dann den Tofu in einer Schüssel mit Peperoni, Frühlingszwiebel, Oliven, einem aufgeschlagenen Ei und 4 bis 5 EL Semmelbröseln mischen. 6 Burger formen und in den restlichen Semmelbröseln wenden.

**3** Rapsöl in einer beschichteten Pfanne erhitzen. Die Burger einlegen und bei Mittelhitze 5 bis 6 Minuten goldbraun braten, danach salzen und pfeffern.

### Spicy Tipp

Es gibt frittierten Tofu, klassischen, festen Tofu zum Braten, weichen japanischen Seidentofu für Dips und Shakes. Achtung: Tofu ist ein Salmonellenfänger. Deshalb angebrochene Tofublöcke täglich mit frischem Wasser bedecken und im Kühlschrank nicht länger als 2 Tage aufbewahren!

## ✶ Spicys Döni

100 g Putengeschnetzeltes
2 EL dunkle Sojasauce
1 frische rote Peperoni
1 Tomate, 1 roter Chicorée
1 Frühlingszwiebel
1 Knoblauchzehe
1 EL frisch geriebener Ingwer
10 Stängel Koriandergrün
150 g Naturjoghurt, 3,8 %
1 EL Limettensaft
¼ TL Salz
je ¼ TL schwarzer Pfeffer, gem. Kreuzkümmel
3 EL Rapsöl
2 Vollkornfladenbrote

**1** Pute in Sojasauce 10 Minuten marinieren lassen. Peperoni entkernen, fein würfeln. Tomate vierteln, entkernen, in Spalten schneiden. Chicorée schräg in Streifchen, die Frühlingszwiebel in Ringe schneiden. Den Knoblauch schälen. Geschälten Ingwer fein reiben. Koriander fein hacken.

**2** Für den Dip Joghurt mit Limettensaft, Ingwer, Koriander, Peperoni, Frühlingszwiebel, Salz, Pfeffer und Kreuzkümmel mischen. Den Knoblauch dazupressen. Pute in Rapsöl 6 Minuten scharf braten, salzen, pfeffern.

**3** Fladenbrote jeweils mit Putengeschnetzeltem, Tomaten, Chicorée und Joghurtdip füllen.

## ✶✶ Garnelenwrap mit scharfem Joghurt

1/2 rote Paprika, 1 reife Tomate
1/2 rote Zwiebel, 2 Peperoni
1 Knoblauchzehe, 1 Chicorée
1 TL frisch geriebener Ingwer
2 EL Olivenöl
160 g Riesengarnelen, geschält
100 g Naturjoghurt, 3,8 %
je 1/2 TL Curry Madras, Salz, schwarzer Pfeffer, gem. Kreuzkümmel
1 EL Limettensaft
2–4 dünne Wraps (aus Mehl)

**1** Paprika und Tomate entkernen, Zwiebel schälen, alles fein würfeln. Peperoni in feine Ringe schneiden. Geschälten Knoblauch fein hacken. Chicorée schräg in Streifchen schneiden. Geschälten Ingwer fein reiben.

**2** Paprika, Zwiebel, Peperoni und Knoblauch in Olivenöl bissfest dünsten. Garnelen zufügen, 2 Minuten braten. Joghurt mit Ingwer, Curry Madras, Salz, Pfeffer, Kreuzkümmel und Limettensaft mischen.

**3** Wraps trocken in einer Pfanne erhitzen. Dann sparsam mit Chicorée, Tomaten und Garnelen belegen. Gewürzjoghurt darüber geben, zusammenklappen. Belag reicht für 2 bis 4 Wraps, je nach Größe.

## ✶✶✶ Asiawrap mit Kürbis

40 g Muskatkürbis, nur das Fleisch
1/4 rote Paprikaschote
10 Stängel Koriandergrün
2 frische rote Peperoni
1 EL helles Sesamöl
Salz, schwarzer Pfeffer
6 Stück Reispapier, ∅ 16 cm
12 Riesengarnelen, geschält, gekocht
3 EL Fischsauce oder Sojasauce
Sambal Oelek nach Geschmack

**1** Kürbis schälen, das wattige Innere entfernen. Paprika säubern, beides in Julienne schneiden. Koriander fein hacken. Peperoni schräg in dünne Ringe schneiden.

**2** Peperoni in Sesamöl 5 Minuten sanft braten. Gemüse zufügen und unter Rühren bissfest dünsten, dann salzen und pfeffern.

**3** Reispapier einzeln 20 Sekunden in siedendes Wasser geben, bis es weich ist. Mit dem Schaumlöffel herausholen und auf einen Teller legen. Mit 2 Garnelen, Koriander und Gemüse belegen – wie ein Päckchen zusammenrollen. Mit dem anderen Reispapier ebenso verfahren. In die Saucen getunkt genießen.

## ✶✶✶ Bohnen-Mango-Chili-Salsa

1 Dose Kidneybohnen (Abtropfgewicht 180 g)
1 rote Paprika, 1/2 weiße Zwiebel
1/2 Mango, 1 Limette
2 Knoblauchzehen
2 frische rote Peperoni
10 Stängel Koriandergrün
3 EL Olivenöl
je 1/2 TL Salz, schwarzer Pfeffer, gem. Kreuzkümmel

**1** Bohnen in einem Sieb mit heißem Wasser abspülen. Paprika entkernen, Zwiebel und Mango schälen, alles klein würfeln. Limette auspressen. Knoblauch schälen, Peperoni entkernen, Koriander waschen, dann alles fein hacken.

**2** Für die Vinaigrette Peperoni, Knoblauch, Olivenöl, Limettensaft, Salz, Pfeffer und Kreuzkümmel mischen. Anschließend 30 Minuten ziehen lassen.

**3** Bohnen, Paprika, Zwiebel und Mango in eine Salatschüssel geben und mit der Vinaigrette mischen. Zum Schluss mit Koriandergrün bestreuen.

## ✶✶✶ Spicys Barbecue-Salsa

2 frische rote Peperoni
2 Knoblauchzehen, 1 Schalotte
1/2 rote Paprika, 1/2 weiße Zwiebel
100 g Zucchini
1 TL frisch geriebener Ingwer
4 EL Olivenöl
1/2–3/4 Dose geschälte ganze Tomaten (Abtropfgewicht 180 g)
je 1/2 TL Salz, schwarzer Pfeffer
1–2 TL Ahornsirup
1–2 TL weißer Balsamico
70 ml Gemüsebrühe

**1** Peperoni entkernen, Knoblauch und Schalotte schälen, alles fein hacken. Paprika vom Kerngehäuse befreien, Zwiebel schälen und mit der Zucchini in etwa 1 cm große Würfel schneiden. Ingwer schälen und fein reiben.

**2** Peperoni, Knoblauch und Schalotte in 4 EL Olivenöl 5 Minuten hell andünsten. Tomaten und Ingwer zufügen, 10 Minuten sanft köcheln lassen, dann mit dem Stabmixer cremig pürieren. Paprika, Zwiebel und Zucchini in der Sauce erwärmen. Mit Salz, Pfeffer, Ahornsirup und Balsamico würzen. Ist die Sauce zu dickflüssig, einfach Gemüsebrühe zufügen.

## ✶✶✶ Knoblauch-Dip

8 frische rote Peperoni
6 frische rote Chilischoten
4 Knoblauchzehen
1 kleine Schalotte
1 TL frisch geriebener Ingwer
6 EL Olivenöl
1/4 TL Salz, schwarzer Pfeffer
Balsamico nach Geschmack
2–4 EL Wasser (bei Bedarf)

**1** Peperoni längs halbieren, entkernen, fein würfeln. Chilischoten mit oder ohne Kerne je nach erwünschtem Schärfegrad, in Ringe schneiden. Knoblauch und Schalotte schälen, beides fein hacken. Ingwer schälen und fein reiben.

**2** Peperoni und Chiliwürfel in 4 EL Olivenöl etwa 4 Minuten sanft dünsten. Knoblauch, Schalotte und Ingwer zufügen und weitere 4 Minuten braten.

**3** Topfinhalt in ein hohes Gefäß geben. Restliches Olivenöl zufügen und mit dem Stabmixer aufmixen. Mit Salz, Pfeffer und Balsamico abschmecken. Falls Ihnen der Dip zu dickflüssig ist, Wasser einrühren.

## ✶✶ Chicken Nuggets in Booster-Hülle

240 g Hähnchenbrust
1 EL Mehl
je 1 TL gem. Kreuzkümmel, gem. Koriander
je 1/2 TL Salz, schwarzer Pfeffer
4 EL Rapsöl
1 getrocknete Chilischote

**1** Hähnchenbrust kalt abspülen und sorgfältig trockentupfen, dann in Würfel von je 2 cm Kantenlänge schneiden.

**2** Für das Würzmehl in einer kleinen Schale Mehl, Kreuzkümmel, gemahlenen Koriander, Salz und Pfeffer mischen.

**3** Chicken-Nuggets im Würzmehl wenden, gut andrücken. Rapsöl in einer Pfanne erhitzen, die Chilischote dazubröseln. Die Chicken-Nuggets einlegen und von allen Seiten etwa 3 Minuten knusprig braten.

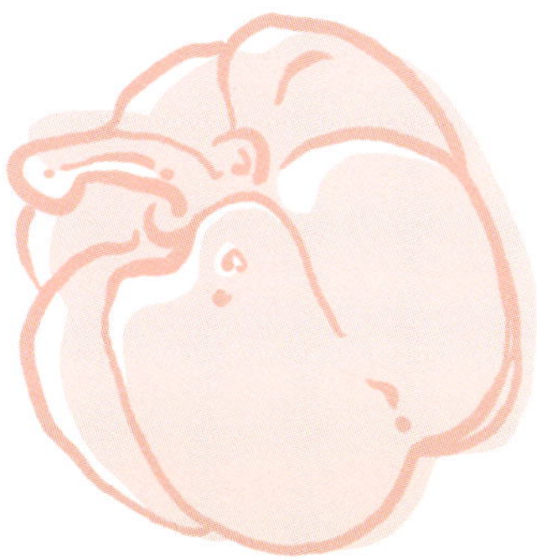

## Rezeptregister

## Die Autoren

**Chris Schreiber** studierte Philosophie und Kommunikationswissenschaften. Sie ist Journalisten und schreibt über medizinische Themen und gesunde Ernährung für Magazine wie *Cosmopolitan, Elle, Freundin, Wellfit*. Sie lebt mit Jerry Goldberg glücklich verheiratet in München – klar, denn Liebe geht bekanntlich durch den Magen!
**Jerry Goldberg** ist freier Journalist und Sachbuchautor. Seine Themen sind Medizin, Ernährung und Psychologie. Bis vor einigen Jahren war er im Bereich Management- und Mediencoaching tätig.

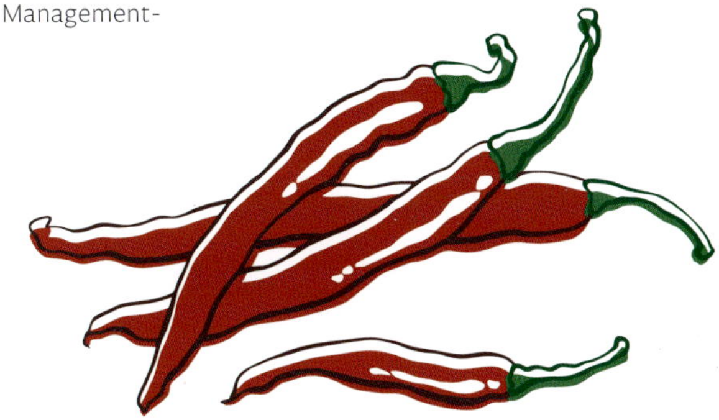

Bibliographische Information
der Deutschen Bibliothek

Die Deutsche Bibliothek verzeichnet diese Publikation in der Deutschen Nationalbibliographie; detaillierte bibliographische Daten sind im Internet über http://dnb.ddb.de abrufbar.

BLV Buchverlag GmbH & Co. KG
80797 München



Bitte beachten Sie auch die Website
**www.kochen-mit-chris-schreiber.de**

**Hinweis**
Das vorliegende Buch wurde sorgfältig erarbeitet. Dennoch erfolgen alle Angaben ohne Gewähr. Weder Autoren noch Verlag können für eventuelle Nachteile oder Schäden, die aus den im Buch vorgestellten Informationen resultieren, eine Haftung übernehmen.

Bildnachweis:
Alle Bilder von Stockfood, außer:
Hart, Sammy: S. 31, 36, 45, 54, 60, 81, 86. 100;
IFA Bilderteam: S. 25; Illuscope: S. 47;
Mauritius: S. 7, 11, 17, 20, 23; Mediacolor: S. 13

Illustrationen: Sandra Menke, Osnabrück

Umschlaggestaltung:
Sabine Fuchs, fuchs_design, Ottobrunn
Umschlagfotos:
Vorderseite: gettyimages; Rückseite: Stockfood
Idee und Konzept: Jerry Goldberg, Chris Schreiber
Lektorat: Annette Maas, München
Herstellung: Ruth Bost
Layoutkonzept Innenteil: fuchs_design, Ottobrunn
Layout und Satz: Uhl+Massopust, Aalen

Gedruckt auf chlorfrei gebleichtem Papier

Printed in Germany
ISBN-10: 3-8354-0005-3
ISBN-13: 978-3-8354-0005-4

# Für Fitness und Gesundheit

Joanna Hall
**Get fit! Feel good!**
Gesundheit und Wohlbefinden für Körper, Geist und Seele: effektive Übungen für jeden Fitness-Level und Tipps für mehr Bewegung im Alltag; mit Rezepten für Menüs und Snacks, die in Top-Form bringen.
*ISBN 3-405-16656-X*

Uschi und Ronny Moriabadi
**Gut in Form – Muskeltraining für Frauen**
Zu Hause trainieren – ganz einfach mit Alltagsgegenständen: Workout für Rücken, Bauch, Beine und Po; Kurzprogramme gegen Stress, Rückenschmerzen, Zyklusbeschwerden, zum Abnehmen und für gute Laune.
*ISBN 3-405-16792-2*

Uschi Moriabadi
**Pilates – Das Übungsbuch**
Der aktuelle Fitness-Trend mit Übungen für jedes Alter und jede Leistungsstufe; die »Magischen Fünf«: ausgewählte Übungen für den Rücken, das Training am Morgen und am Abend, für Einsteiger und für Fortgeschrittene.
*ISBN 3-405-16731-0*

Celia Hawe
**Schlank mit Yoga**
Das Erfolgsprogramm – in nur vier Wochen mit Yoga dauerhaft abnehmen: sanfte Yoga-Übungen, die den Körper in Balance bringen; Atemtechnik, Meditation, Entspannung; Ernährungsplan mit einfachen Rezepten.
*ISBN 3-405-16831-7*

Nicolaus Klein
**Meditation – Das Praxisbuch**
Grundlagen und Wirkung auf Körper, Geist, Psyche und Gesundheit; Meditation im Sitzen, Stehen, Liegen und in Bewegung; mit CD zum Üben: 4 geführte Meditationen.
*ISBN 3-405-16934-8*

Uschi und Ronny Moriabadi
**Mollig fit**
Das Wohlfühl-Programm für starke Frauen; den Körper straffen und formen, Kraft und Ausdauer trainieren, Problemzonen beseitigen, Pilates, Mentalprogramme, Wellness.
*ISBN 3-405-16904-6*